三訂 ケアマネ業務のための
生活保護Q&A
介護・医療現場
で役立つ制度の知識

六波羅詩朗・長友祐三 著

中央法規

はじめに

　介護保険制度が施行されてから15年以上が過ぎ、介護保険サービスの担い手の中心であるケアマネジャーの果たす役割はますます大きくなっています。施行時から比較すると、ケアマネジャーの人数は大幅に増加しており、また、制度発足当初の混乱期の試行錯誤を経験した時代からみると、現在のケアマネジャーの仕事や内容は洗練されたものとなっているようです。

　さて、ケアマネジャーの多くは、保健・医療・福祉領域の多様な専門職種の経験者ですが、高齢者の医療や福祉に関するそれぞれの専門領域での知識に比べ、本書で取り上げているような生活保護制度の基本的内容や運営機関の役割、機能などについて学ぶ機会は意外に少ないといえるのではないでしょうか。

　近年、生活保護受給者は、65歳以上の高齢者だけでなく、40歳から50歳台のいわば介護保険制度利用者予備群と考えられる人も増加傾向にあります。ケアマネジャーのみならず保健・医療機関で働く専門職、とりわけ医療ソーシャルワーカーの方々などは、今後ますます生活保護制度とかかわる機会が増えるものと考えられます。そのため本書では、日常的にさまざまな生活問題を抱えている介護保険利用者、生活保護受給者（あるいは生活保護の対象となる可能性のある人々）に焦点を当て、ケアマネジャーや医療ソーシャルワーカーが日常業務で疑問に感じると思われる事項について、具体的にわかりやすく解説することを重視しました。

　第1章では、ケアマネジャーがわが国の社会保障制度全体とどのようにかかわっているのか、生活保護制度と介護保険制度がどのように関連しているのかについてまとめています。さらに、実際の業務のなかで、誰とどのような連携が必要とされるのか、具体的な連携のイメージを示しながら、利用者本位の円滑な介護保険サービスの運用を考えていく方向性についてまとめています。

第2章では、現在の生活保護制度の基本的内容の理解を深めることを主眼におきながら、生活保護の実施機関である福祉事務所の役割、実際の生活保護の原理や原則、さらに低所得者対策について解説をしています。これは、ケアマネジャーや医療ソーシャルワーカー向けの文献の多くは介護保険制度の解説書としての役割が重視されており、生活保護制度と介護保険制度を関連させて説明したものが少ないと感じるからです。

　第3章では、生活保護制度の給付として位置づけられている「介護扶助」と「医療扶助」について、詳細にまとめています。申請の方法やサービス利用に関する手続き・費用の考え方など、介護保険との関係および医療保険との関連に分けてわかりやすく説明しています。

　そして第4章では、ケアマネジャーや医療ソーシャルワーカーなどの方々が日常業務のなかで疑問に感じているであろう事柄について、Q&A方式でまとめています。①生活保護制度全体（生活困窮者等の自立支援を含む）、②生活保護と介護サービス、③生活保護と在宅ケアサービス、④生活保護と施設ケアサービス、⑤生活保護と医療サービス、⑥生活保護と入院医療サービスの6項目に分けて、『改訂　ケアマネ業務のための生活保護Q&A』（中央法規出版）から大幅に構成を変更し、全部で70項目のQ&Aを載せています。

　本書では、ケアマネジャーなど介護・医療の現場のみなさんに、生活保護について理解をしてもらうということだけではなく、生活保護の実施機関である福祉事務所（行政機関）やそこで仕事をしている生活保護担当行政職員（社会福祉主事＝ケースワーカー）の仕事についても理解をしていただきたいと考えています。近年、「地域包括ケアシステム」に代表される大きな制度運用の変更が進められています。介護・医療サービスを必要としている人々にこの新しい制度体制が十分機能するためには、サービス提供を行う専門職の情報共有が不可欠です。そして、さらに専門職種同士が積極的な情報交換や連携を行うことを通し、「利用者を主体にした支援」を進めていくために、本書を活用していただき

たいと思います。また、逆に、現在生活保護の仕事をしているケースワーカー（社会福祉主事）のみなさんにも、ケアマネジャーや医療ソーシャルワーカーとの連携を通した生活保護の運営や実施に本書を活用していただければ、本書の役割もさらに意義深いものとなりましょう。読者からの積極的なご意見、ご批判をいただき、さらによいものにしていければ幸甚です。

　本書は2006（平成18）年に初版を出版し、その後2011（平成23）年に改訂を行いました。三訂版となる今回は、ケアマネジャーだけでなく介護・医療現場の多様な職種の方々にもご活用いただけるよう、新たに記述内容を全面的に見直しました。特に、生活保護制度の基本的な内容だけではなく、介護扶助や医療扶助について詳細に説明を加えています。さらに、第4章のQ＆Aの部分は、大幅に項目を増やすとともに、項目の分け方にも工夫をし、医療サービスに関する内容を充実させています。その他、権利擁護や低所得者向けの制度などについても新しい内容が網羅されていますので、ぜひともご活用いただければと思います。

　最後に、改訂版までの内容を生かしつつ新たな事項を加え、さらにQ＆Aの構成を見やすくするための努力と、われわれ執筆者の生活保護受給者への思いを十分に取り入れて編集をしていただいた、中央法規出版編集部の飯田研介氏にお礼を申し上げます。

平成30年2月

　　　　　　　　　　　　　　執筆者を代表して　六波羅　詩朗

◯ もくじ

はじめに

第1章 生活保護受給者への支援と連携

① 生活保護ケースワーカーとの連携、とれていますか？ ……… 2
- **1** 連携の現状 ……… 2
- **2** 連携への壁 ……… 5
- **3** 連携のメリットとは？ ……… 6
- **4** 連携すべき相手を知ろう ……… 7

② 介護・医療保険と生活保護制度 ……… 10
- **1** 社会保障制度体系における社会保険制度 ……… 10
- **2** 社会保険とは異なる生活保護制度 ……… 12
- **3** 生活保護制度は「金銭給付」と「サービス給付」……… 13
- **4** 生活保護制度がもつ厳格性と柔軟性 ……… 15
- **5** 生活保護制度を運用するケースワーカー ……… 16

③ ソーシャルワークの視点による支援 ……… 18
- **1** 「利用者主体」に基づく支援 ……… 18
- **2** 支援者としてのケアマネジャーの役割 ……… 20
- **3** 生活保護における支援者としての「ケースワーカー」と「ケアマネジャー」の関係 ……… 21
- **4** 生活保護高齢者への支援者としてのケアマネジャーの役割 ……… 23

④ 連携・協働のために大切なこと ……… 26
- **1** ケアマネジャーと生活保護担当ケースワーカーの視点の違い ……… 26
- **2** 「情報の共有」と「役割分担」による信頼関係の構築 ……… 27
- **3** 連携によって広がる利用者への支援方法 ……… 28
- **4** 連携によって広がるケースワーカーとの継続的かかわり ……… 30

第2章 連携するために知っておきたい生活保護のこと

- ① 福祉事務所 ……………………………………………………… 37
  - ❶ 福祉事務所との連携 ……………………………………… 37
  - ❷ 福祉事務所の役割 ………………………………………… 39
  - ❸ 介護保険制度と福祉事務所 ……………………………… 44
- ② 生活保護制度 …………………………………………………… 47
  - ❶ 生活保護制度の原理・原則 ……………………………… 47
- ③ 生活保護ケースワーカー ……………………………………… 65
  - ❶ 援助・支援のポイント …………………………………… 65
  - ❷ 支援に活用されるその他の制度・施策 ………………… 69

第3章 生活保護の介護扶助と医療扶助の実際

- ① 介護扶助の仕組み ……………………………………………… 80
- ② 医療扶助の仕組み ……………………………………………… 93

第4章 介護・医療の現場で役立つ生活保護Q&A

- ❶ 生活保護との連携にあたって知っておきたいこと ……… 100
  - Q1 どのような状況にあると、生活保護は受けられるのですか？ ……………………………………………… 100
  - Q2 生活保護は世帯全員で申請しなくてはなりませんか？ … 100
  - Q3 家屋・土地を所有していても、生活保護を受けることはできますか？ …………………………………… 102
  - Q4 生活保護を受けると、生活用品の保有はどの程度認められるのですか？ ………………………………… 103
  - Q5 生活保護を受けると、自動車の保有は認められませんか？ ……………………………………………… 103

- Q6 生活保護を受けると、保護費は1か月どのくらい支給されますか？ 104
- Q7 生活保護受給中に預貯金をすることは認められませんか？ 104
- Q8 生活保護受給中に引っ越しが認められるのは、どのような場合ですか？ 105
- Q9 引っ越しに必要な費用は、生活保護から支給されますか？ 107
- Q10 判断能力が不十分になった人への支援は、生活保護ではどのように行われますか？ 107
- Q11 判断能力が不十分で、社会福祉協議会の日常生活自立支援事業の契約が困難な人の支援は、生活保護ではどのように行われるのでしょうか？ 108
- Q12 生活保護を受給する人が亡くなった場合の葬祭は、誰が行うのですか？ 110
- Q13 生活保護を受給する人が亡くなり、財産が残っていた場合はどうなりますか？ 111
- Q14 生活保護を受給されていない人が生活困窮状態にあります。福祉事務所以外で相談や支援をしてもらえるところがどこかありますか？ 111

❷ **生活保護と介護サービス** 114

- Q15 生活保護における「みなし2号」とは、どのような状態を指すのですか？ 114
- Q16 生活保護を受けている人の介護扶助の申請と要介護認定の申請は、どのように行われますか？ 115
- Q17 生活保護受給者の要介護認定に必要な主治医の意見書は、どのように取ればよいですか？ 115
- Q18 生活保護の介護扶助受給中の人のケアプラン作成や、ケアマネジメントで注意すべき点はありますか？ 116
- Q19 生活保護を受けている人のケアプランの変更には、ケースワーカーの了解が必要ですか？ 118

Q20 生活保護を受けている人は、自己負担をすれば区分支給限度基準額を超える介護サービス利用はできますか？ …… 118

Q21 福祉事務所から介護事業者に発行される「介護券」とは何ですか？ ………………………………………………… 118

Q22 介護券に表記されている「単独」・「併用」の意味は何ですか？ ………………………………………………………… 119

Q23 介護サービス利用の際の本人負担分（１割負担）は、福祉事務所からどのように支払われますか？ …………… 120

Q24 生活保護を受けている第１号被保険者の介護保険料は、どのように納めるのですか？ ……………………………… 121

Q25 生活保護を受けている「みなし２号」の人が65歳になると、介護保険はどのようになりますか？ ……………… 121

Q26 生活保護が廃止になっても、介護保険サービスの利用は継続できますか？ ……………………………………………… 121

Q27 介護保険加入者で生活保護受給中の障害者が、介護給付サービスを利用する際の障害者施策と介護保険サービスにおける取り扱いは、どのようになりますか？ ……………… 122

Q28 生活保護を受けている障害者が「みなし２号」であった場合は、介護保険サービスの利用はどのようになりますか？ …… 123

❸ 生活保護と在宅ケアサービス ………………………………… 126

Q29 生活保護を受けている人は、在宅ケアサービスの利用に制限はありますか？ ……………………………………………… 126

Q30 生活保護を受けている人から「訪問介護事業者、居宅介護支援事業者を変更したい」という相談を受けましたが、変更は可能でしょうか？ ………………………………………………… 126

Q31 生活保護を受けている人が住宅改修や福祉用具の購入を希望していますが、どのような手続きが必要になりますか？ … 127

Q32 生活保護法による「住宅維持費」と、介護保険法による「住宅改修費」との違いは何ですか？ ……………………………… 128

Q33 生活保護受給中の人がレンタル中の車いすの機種変更を希望されているのですが、どのようにしたらよいですか？ …… 129

Q34 訪問サービスの交通費や通所サービスの送迎費の請求がある場合、生活保護を受けている人はどのようになりますか？ ………………………………………………………… 130

Q35 ケアマネジメントを担当している生活保護受給中の人が亡くなりました。介護保険の手続きはどのようになりますか？ ………………………………………………………… 130

Q36 地域支援事業として2015（平成27）年から開始された介護予防・日常生活支援総合事業について、生活保護を受けている人の利用手続きはどのようになりますか？ ……… 131

❹ 生活保護と施設ケアサービス ……………………………… 134

Q37 生活保護を受けている人が特別養護老人ホームへの入所を希望していますが、どの施設でも利用は可能ですか？ ……… 134

Q38 生活保護を受けている人が認知症グループホームやケアハウスへの入居を希望しています。利用は可能ですか？ …… 134

Q39 生活保護を受けている人がユニット型（個室型）の特別養護老人ホームへの入所を希望しています。費用がかかりますが、入所は可能ですか？ ………………………………… 135

Q40 生活保護を受けている人は、「措置制度」を利用して特別養護老人ホームなどへ入所することができますか？ ……… 136

Q41 生活保護を受けている人が介護老人福祉施設に入所した場合、生活保護を実施する機関（福祉事務所）はどこになりますか？ ………………………………………………………… 137

Q42 介護保険施設入所中の人が生活保護の申請をする場合、どこの福祉事務所にすればよいのですか？ ………………… 137

Q43 生活保護を受けている人の介護保険施設の利用は、どのようになりますか？ …………………………………………… 138

Q44 介護保険施設へ入所する際の移送費（交通費）は、どうすればよいですか？ ……………………………………………… 138

Q45 介護保険施設で生活するための日用品購入やレクリエーションなどに必要な経費は、どのように支給されますか？ … 139

- Q46 介護保険施設へ入所している人に臨時的収入がありました。生活保護は継続できますか？ ……… 139
- Q47 生活保護を受けている施設入所者の金銭管理に、日常生活自立支援事業は利用できますか？ ……… 140
- Q48 入所中で生活保護受給中の人に多額の累積金が発生しました。どのように取り扱われますか？ ……… 140
- Q49 介護保険施設利用料の負担軽減措置とは、どのような制度ですか？ ……… 141
- Q50 ケアマネジメントを行っている生活保護受給者が急に入院してしまいました。ケースワーカーへの連絡は必要ですか？ ……… 142

❺ 生活保護と医療サービス ……… 143

- Q51 医療機関を受診する場合の手続きは、どのようにしたらよいのですか？ ……… 143
- Q52 緊急に医療機関を受診する場合や休日で福祉事務所に医療扶助の申請ができない場合の手続きは、どのようにしたらよいのですか？ ……… 144
- Q53 緊急の場合は、生活保護法の指定医療機関以外で受診しても大丈夫ですか？ ……… 144
- Q54 いくつかの病気で同時に違う病院へ行く必要があります。どのようにすればよいのでしょうか？ ……… 145
- Q55 病院の通院などに必要な移送費（交通費）は支払われますか？ ……… 145
- Q56 治療に必要な薬は、調剤薬局からどのようにしてもらうのですか？ ……… 145
- Q57 治療に必要な眼鏡や補装具は、どのように購入するのですか？ ……… 146
- Q58 診察をした医療機関への診療報酬の支払いは、どのように行われるのですか？ ……… 147
- Q59 薬局への調剤報酬の支払いは、どのように行われるのですか？ ……… 147

Q60 眼鏡・補装具などの治療材料費の業者への支払いは、どのように行われるのですか？ ………………………………………… 147

Q61 国民健康保険に加入中の人が生活保護を受給するとどうなりますか？ ……………………………………………………… 148

Q62 障害者の日常生活及び社会生活を総合的に支援するための法律による公費負担医療を使っている場合は、生活保護を受けるとどのようになりますか？ …………………………………… 148

❻ 生活保護と入院医療サービス …………………………… 149

Q63 救急車で運ばれ入院した単身者が生活保護を申請する場合、どこの福祉事務所に申請すればよいのでしょうか？ …… 149

Q64 老人ホームに入所中の人が入院し、保護が必要な場合は生活保護の申請はどこの福祉事務所にすればよいのでしょうか？
 …………………………………………………………… 149

Q65 生活保護を受けている人が入院した場合、入院期間中の生活保護はどのようになりますか？ ……………………… 150

Q66 入院中で民間の医療保険に加入中の人は、生活保護の申請はできますか？ ………………………………………… 151

Q67 おむつの給付のための手続きは、どのようになりますか？
 …………………………………………………………… 151

Q68 退院後、介護保険施設へ入所する際の移送費（交通費）は、どのようになりますか？ ……………………………… 151

Q69 単身入院患者の退院時における住宅確保は、どのようにすればよいですか？ ……………………………………… 152

Q70 長期入院中の生活保護受給中の人に多額の累積金が発生しました。どのように取り扱われますか？ ……………… 152

第 1 章

生活保護受給者への支援と連携

生活保護
ケースワーカーとの連携、
とれていますか？

　第1章は、本書を活用していただく前提として、生活保護受給高齢者に対する支援と連携をテーマに、生活保護の全体像をイメージしながら、連携を進めるうえでの視点などについて理解してもらうことを意識してまとめました。特に、多様な職種を背景にしているケアマネジャー、さらに、日常的に医療機関で生活保護や介護保険にかかわる仕事をされている医療ソーシャルワーカーなどにも連携をテーマに考えていただこうという趣旨でまとめています。もちろん、中心的な連携の相手は、生活保護を担当するケースワーカーであり、その仕事の内容などを知っていただきたいと考えてまとめています。生活保護の法律にかかわる内容、具体的な制度の枠組みについては、第2章以下のところで具体的に理解できると思います。

1 連携の現状

　介護保険制度は、日常生活において何らかの生活上の困難を抱えた人に、必要な介護サービスを提供することによって、住み慣れた家やまちで生活ができるようにすることをめざしています。介護保険制度を適切に運営するためには、利用者にとって必要なサービスを提供するためのプランニングが大切であり、その内容を作成する中心的役割を担っているのがケアマネジャーであるといえるでしょう。
　また、介護保険制度がめざすサービス提供体制は、第一に利用者のニーズに沿ったサービスを計画的に提供すること、第二にサービスの利用はあくまでも支援を必要としている高齢者の「主体性を尊重」することが

強調されています。

　このような視点は、本書でとりあげる生活保護を担当する行政職員（社会福祉法では社会福祉主事および現業員という呼称で規定されているが、一般的にはケースワーカーと呼ぶ場合が多い）が、生活困窮状態による経済給付のみならず、疾病や高齢による身体的な機能の低下といういわば二重の問題を抱えている人に対して、援助を行う役割と共通しているように思います。現在、生活保護を受給している世帯のうち、高齢者世帯は5割を超えており、今後ますますこれらの人に対する介護保険でのサービス提供の機会は、増加していくことが予想されています。

　しかしながら、ケアマネジャーの日常的な仕事において、保健・医療・福祉の連携をめざしたこれらの専門職との連携は、言うほど簡単なことではありません。特に、連携しようという思いを意識していても、福祉行政セクションとの連携、とりわけ生活保護担当ケースワーカーとの連携を念頭に行動しようと考えている人は多くはないのではないでしょうか。

　このようなケアマネジャーとケースワーカーとの関係が希薄である原因には、以下のようなケアマネジャーの言葉に代表されているように思われます。

　「役所はわかりにくい」「利用者の相談内容によって担当部署が異なり、どこの誰に問い合わせたらいいかがわからない」「必要な情報をなかなか教えてもらえない」というような話をよく耳にします。

　また、生活保護制度との関係においては、「介護扶助の制度がわかりにくく、手続きが面倒」「生活保護の担当者と直接会って話をすることにためらいを感じる」といった声も多く聞かれます。

　さらに、ケースワーカーとの関係については、「いつも忙しそう」「生活保護受給者に関する介護保険の手続きは、ケースワーカーから電話などで頼まれることが多く、直接会って話をすることが少ない」などという声もしばしば聞かれることです。

　結局、ケアマネジャーの日常的な仕事は、ケースワーカーから連絡が

あった最低限のいわば事務処理をしておく程度で、お互い積極的に連携をするような関係がとりにくい仕事の進め方をしているのではないでしょうか。一方で、ケアマネジャーの仕事を行ううえでは、介護保険に関する行政の担当者との情報交換等を通した関係づくりや、連携の必要性を誰もが感じており、生活保護を担当するセクションとの関係について、積極的に連携をもつべきであると考えている人も実は多いのではないかと思います。

このような現実の仕事の進め方と、誰もが感じるあるべき方向とのズレは、どのような理由からもたらされるのでしょうか？

現実に連携が困難な理由の１つには、「ケアマネジャー」として仕事をしている人の専門領域やバックグラウンドによる違いが生じている側面があるのではないかと思います。特に、保健・医療領域の専門的教育を受けてきた人たち、例えば看護師や保健師の場合には、どうしても社会福祉制度やそれに基づく支援・援助に関する視点を学ぶ機会が少なかったといえるのではないでしょうか。また、ケアマネジャーの実務研修などでは、生活保護法をはじめとする社会福祉制度や、その視点に関する研修は必ずしも十分とはいえず、これらについてケアマネジャーが実践的に学び理解する機会も、限られているといえるでしょう。

さらに、連携が困難なもう１つの理由には、介護保険制度や生活保護制度は公的な制度として位置づけられていますが、実際の制度の担い手（ケアマネジャーやケースワーカー）が所属する組織やその体制、そこで中心的に求められる専門性に基づく資格などに、大きな違いがあることがあげられます。

例えば、介護保険のサービス事業所で働くケアマネジャーは、看護師や保健師であったり、社会福祉士あるいは介護福祉士の資格をもって仕事をしているわけですが、一方、生活保護制度を担当する行政職員であるケースワーカーは、社会福祉主事としてその仕事を行っています。つまりケースワーカーは、いわば国家資格のような専門職ではなく、「任用されて仕事をする」という立場にあるわけです。同様に、介護保険課

などに所属する職員も、一般行政事務職員として、介護保険制度に関する認定審査や審査会の運営に携わる仕事をしていることが一般的です。

このような問題は、サービスを提供する「介護サービス提供事業者」とそこに所属する「ケアマネジャー」、公的な「福祉事務所」と「ケースワーカー」という関係性を、どのようにお互いの仕事や役割として理解を進めていくのかという「連携」の課題として、目の前に大きく障壁として存在しているといえるでしょう。

2 連携への壁

介護保険制度では、ケアプランの作成やサービス調整といった業務をケアマネジャーの役割として位置づけていますが、ややもするとさまざまな書類の作成に時間をとられ、利用者の生活状況の変化を十分把握する余裕をもてなくなってしまいがちです。さらに、新規ケースの場合には、サービス担当者会議（ケアカンファレンス・ケア会議）を開催するために必要なメンバーを招集し、具体的なケアプランと情報交換の場を設定しなければなりません。このような場合の連携や情報交換は、ケアマネジャーとしての重要な役割ですが、生活保護などに関する手続きや具体的な状況については、あえて特別な問題が生じなければかかわらず、結局敬遠してしまっていることが多いように思います。

介護保険法と生活保護法の関係でいえば、第1号被保険者の場合には、ケアプランの作成段階においては一般世帯とそう大きな違いはないため、ケースワーカーとの事務的な文書のやりとりだけで済ませてしまっていることが多いのではないでしょうか。逆にいえば、双方ともそれぞれの仕事に差し支えなければ、あえて連携を取ることについての特別な必要性はないだろうという暗黙の了解のようなものが見えるような気がします。

このような潜在的な意識は、ケアマネジャー側もケースワーカー側も

必ずしもよいとは思っていないけれど、特別に何か問題があれば相手のほうから言ってくるだろうから、とりあえずはこのままでよいのではないかといった、消極的な姿勢につながっているのではないでしょうか。

3 連携のメリットとは？

　生活保護を受給している高齢者世帯は、経済的な問題以上に、生活上の多様な問題を抱えている場合が多いといえます。それは、もともと生活保護を受給することになった理由の多くには、所得が少なくなったことがあげられるのですが、その少なくなった理由として、疾病等による入院や通院という身体的問題を抱えているケースが多いからです。しかも、生活保護を受給している高齢者の場合には、年金などの収入がなかったり（あっても少額であったり）、また新たな収入の増加もなかなか見込めないため、生活保護の受給期間が長期にわたる場合がほとんどです。さらに、高齢者の場合は、日常的な社会関係を見てみると、近隣や親族も含め地域社会との関係性が希薄です。その理由は、生活上何らかの支援や援助が必要であるにもかかわらず、これ以上人に迷惑はかけたくないという消極的な気持ちをもっていたり、生活保護を受けていることに対する後ろめたさ（スティグマ）を感じたりしていることによると考えることができるでしょう。

　また、ケースワーカーの側も、生活保護費の支給などの経済給付を第一義的に行い、「医療扶助」や「介護扶助」の給付については、医療は病院の職員、MSW（医療ソーシャルワーカー）、介護はサービス提供事業者へと、任せてしまっている場合も少なくありません。しかし一方で、ケアマネジャーは、ケアプランの作成やサービス提供にかかわる調整という役割を通して、ケースワーカーよりも日常的に家族や利用者の生活状況を知る立場にあることが多いのではないでしょうか。例えば、高齢者の入院時のサービス調整や、退院後の在宅生活に向けた生活、そのた

めに必要な住宅改修の手配などでは、ケースワーカーへの連絡だけではなく、具体的な介護保険上の手続きに関して、どうしても情報収集などで連携をしなければならないことが生じてくることになります。

　このように考えてみると、ケアマネジャーは、生活保護を受ける高齢者の増加が今後も予想されるなかで、いずれケースワーカーとのかかわりをもって仕事をしていくために、日常的に一定のコンタクトがとれる関係をつくっておくことが必要だといえます。特に、介護保険のサービスを通じて知った利用者の生活状況については、ケースワーカーへ日常的な情報提供として伝えておくことによって、いざというときに協力関係がつくりやすくなることにもつながります。またこのような日常的な関係は、ケアマネジャーにとっても、生活保護基準の改定など生活保護制度に関するさまざまな情報を提供してもらうというメリットにつながるでしょうし、ときには生活保護に関する利用者からの疑問や質問にも、ある程度答えられる知識をもつことができるようになってきます。つまり、日頃からのちょっとしたきっかけをケースワーカーとの連携に積極的に結びつけていくことが、利用者との信頼関係の構築にも役立つことになると思います。

4 連携すべき相手を知ろう

　ケアマネジャーは、どのようなときに行政機関とのかかわりを必要としているのでしょうか。いわゆる「給付管理」に関連することは、多くの場合、役所の介護保険課に問い合わせることが多いと思います。

　このような場合には、比較的問題状況や疑問点がはっきりしていますので、連携というよりは、情報の確認や情報共有のレベルで解決が可能だといえるでしょう。問題になるのは、例えば、介護保険の第2号被保険者であった人が生活保護の申請をしていて、その後生活保護の受給が決まったというようなケースなど、介護保険上の手続きをどのようにし

たらよいかがわかりにくいという場合です。しかも、生活保護の申請に関する具体的な情報をケアマネジャー自身が知らなかったような場合には、コンピューターによる請求事務手続きにおいて、「基本情報がない」というエラーメッセージで返戻になってしまうということも考えられます。

　これらの対処方法については、一度でも経験しているケアマネジャーであれば区分変更申請が出ているのではないかという判断がつくこともありますが、ケアマネジャーとして初めてのケースであれば、とまどってしまうこともあるのではないでしょうか。詳細については、第4章のＱ＆Ａに譲りますが、この例のように、新たに生活保護受給となった世帯の場合には、ケアマネジャーとして担当世帯の情報をどのように把握する必要があるのかという、重要な問題を含んでいるわけです。

　生活保護の申請については、必ずしもケアマネジャーが把握しなければならないということではありません。しかし、少なくとも、生活保護の決定に関してその後の介護保険上の問題についていえば、ケースワーカーとの連携は必須になってきます。

　このような場合にケアマネジャーとして留意しなければならないことは、第一に、ケースワーカーと当該利用者について、ケアマネジャー側からこれまでの介護保険サービスの利用に関する情報を提供するための話し合いをもってみること、第二に、ケースワーカーが介護保険制度について、どの程度知識をもっているかを見きわめること、第三に、生活保護の特に「介護扶助」について、ケースワーカーが利用者にわかりやすく説明してくれるかどうかを見きわめること、第四に、ケアマネジャーに対してケースワーカーがどのようにかかわってもらえるのかを聞き、今後のかかわりについての役割分担を行うとともにお互いに連絡をとりながら、一定の「情報の共有」をすべきことを確認するということです。

　以上のように、一人の利用者の問題を契機に一度顔を合わせて話し合うことができれば、ケースワーカーの人柄や力量もある程度わかってくると思います。同時に、関係をつくるときのポイントとしては、ケアマ

ネジャー自身も、正直に自分の仕事のスタンスや疑問などを話しながらコミュニケーションを図るという姿勢を表明していくことが大切でしょう。いずれにしても、このような見きわめができれば、次回からは、電話で話をしてもスムーズに用件が伝わるでしょうし、不在であればケースワーカーのほうから連絡をもらうということも可能になると思います。

　ケースワーカーとの関係をつくることで、利用者世帯への訪問やケアプランの変更などの場合にも、必要な情報に基づく円滑なサービス提供が進められます。利用者にとって最も必要な生活への援助に、積極的にかかわっていけることにつながっていくでしょう。

介護・医療保険と生活保護制度

　ここでは最初に、「介護保険」や「医療保険」、さらに「生活保護」という制度の共通基盤である社会保障制度の全体像を概観しながら、医療保険、特に高齢者の医療制度が介護サービスと密接にかかわってきた背景を整理し、新たに社会保険方式として「介護」問題を位置づけた理由にふれたいと思います。そのうえで、介護・医療保険という社会保険システムと、生活保護という公的扶助システムの考え方の違いを、少し説明することにしましょう。

　また、公的扶助制度としての生活保護法の運営や実施は、最低生活の保障と生活保護担当ケースワーカー（社会福祉主事と呼ばれる）による個別的援助を前提としています。このことは、介護保険制度におけるケアマネジャーが、介護サービスを利用者に提供するプロセスのなかで個別的な支援が必要となっているという点において、類似する部分があるということについてもあわせて考えてみたいと思います。

1 社会保障制度体系における社会保険制度

　わが国の場合には、国民生活をトータルに保障することを目的として、社会保障の制度があります。そしてこの制度の中心は、社会保険というシステムによって運営されています。社会保険システムの最も大きな特徴は、すべての人がこの社会保険制度に加入をし、その加入者は原則として「保険料」を納めることが前提とされているということです。このことを「保険料の拠出」といいますが、この拠出があることによって、年金・医療・介護の保険それぞれの制度から現金やサービスとして「給

付」が行われるわけです。

　このような、保険料の負担を前提とした給付という点に限れば、原理的にはいわば民間の保険と大きな違いはそれほどないかもしれません。しかし、民間保険の場合には、保障される前提条件や範囲、仕組みや保障内容、加入者の保険料の負担能力によって加入する保険の内容が大きく異なるなどのメリットとデメリットがあります。そのため、社会保険と民間保険とでは、個人が自由に自己責任によって決めることができるかどうかというところに大きな相違があるといえます。

　「社会保険」という制度は、民間保険とは異なり、国民の誰もが陥る可能性のある生活上の諸困難に対応するものです。例えば疾病、死亡、失業、老齢による生活困難など、誰にでも起こりうる生活上のリスク（保険事故）を、社会全体の問題とした制度的な助け合いを前提に、国家がバックアップして生活の保障を行うシステムです。そして、すべての国民を保険制度の加入対象とするために、もし所得が少なく保険料の負担が困難であれば、保険料を一時的に免除・減免することで、個々人の所得の多寡を考慮に入れた保険料の設定をしています。その理由は、国民の経済的負担のバランスをとる（所得の再分配）といった考え方を採用しているからです。このようなすべての人が加入できる条件を整えているという点が、社会保険という制度の大きな特徴です。

　社会保険制度の種類には、経済的に安定した老後生活を保障する「年金制度」、家族の健康と疾病の治療費負担の軽減をするための「医療保険制度」、企業等に雇用されている人が失業した場合等に失業中の生活を保障する「雇用保険制度」などがあります。そして、最も新しい社会保険制度が、「介護保険制度」ということになります。このような国民のライフサイクルに対応した各種の制度は、社会保険というシステムを通し、なくてはならないものとして私たちの生活を支える役割を担っているわけです。

2 社会保険とは異なる生活保護制度

　社会保険のシステムは、すべての国民を対象とした普遍的制度として設計されています。しかし、わが国の社会保険の制度は、世帯主の職業や就労形態によって加入する制度が異なり、年齢によって保険給付の内容も異なることに注意が必要です。例えば、老後生活の共通的な経済給付である年金制度では、現役時代に、より安定的な職業に就いているかいないかが、後々の年金額に大きな格差を生み出すことで知られています。したがって、社会保険制度がいくら充実していても、現役時代の不安定な就業によって収入が比較的少なければ、老後の生活を年金に頼って生活することが困難となる人が出てくるということになります。

　さらに現役時代に、失業、疾病などによって生活困窮に陥る可能性は誰にでもあり、たとえ年金・医療保険や雇用保険があったとしても、必ずしもすべての人が安心した生活を送れるわけではありません。このような場合を想定して、国民生活の「最後のセーフティネット」としての役割を担う制度が、生活保護制度なのです。

　この生活保護制度は、社会保険のように保険料の拠出を前提とはせず、現に「生活に困窮する」状態であれば、国が最低限度の生活の保障を国民の権利として認め、給付を税金によって賄う扶助制度です。したがって、生活に困窮する人であれば、誰でも生活保護を申請することが権利として認められています。しかし、制度を利用する際の要件に、社会保険と生活保護では基本的な点で違いがあります。

　社会保険の制度は、原則として保険料の拠出があり、老齢、疾病、失業などの「保険事故」に該当すれば、特別な条件を設定しなくても自動的に給付が行われることは先に述べました。これに対して生活保護制度は、生活困窮の状態が明確で、現在の生活資源をすべて活用していることが要件として求められます。詳細は、第2章で説明しますが、「補足性の原理」といって、資産や能力の活用として、働く能力があればそれ

を活用すること、預貯金などの現金があればそれも現在の生活に活用することなどが規定されています。また、現金以外にも、有価証券、生命保険などがあれば、場合によっては解約をして返戻金を活用することが求められます。また、これは保護の要件ではありませんが、民法上の扶養義務者が扶養できる場合には、この扶養が生活保護に優先するという規定もあります。

このように生活保護制度の場合では、「生活に困窮している」状態を厳格に認定するために、土地や手持ちの現金・預貯金などの資産を活用することが求められ、また、「能力の活用」として、原則的には働く能力があれば働くことが求められています。生活保護の受給に際しては、このようないくつかの保護を受けるための「要件」が定められており、税金を原資としていることから、非常に厳しい側面を有していることも大きな特徴だといえます。

3 生活保護制度は「金銭給付」と「サービス給付」

生活保護制度の最も大きな特徴は、生活困窮状態に陥った場合の「最低生活の保障」という、いわば生活費（現金）を支給するという機能をもっていることです。そして、このお金を給付する財源は、国や地方自治体の税金が原資となるため、社会保険のように保険料の負担を伴わない制度です。その一方で、生活保護受給者には、自らの意思と能力を発揮して生活保護からの脱却をめざすことが求められており、ケースワーカーの個別的な援助による、自立の支援を制度の目的としています。

しかし、生活保護を受けている高齢者の場合には、親族や近隣との関係が希薄であったり、特に一人暮らし世帯の場合には、長期にわたって社会関係をもつことが困難なことも少なくありません。したがって、「経済的な問題」として単に世帯の顕在化している生活問題だけに目を奪われるのではなく、困窮した生活の背後にある、いわば潜在的な問題を見

きわめることによって、現在の問題がどのような経過をたどって生み出されたのかをとらえることが大切です。つまり、現在から過去に至る問題が絡み合ったところに新たな生活困難が発生し、そこに着目した支援を意識することが重要となります。このような問題の深い部分までをいかに見きわめるかということについては、ケアマネジャーとケースワーカーそれぞれに視点が異なることもあり、双方の問題認識を共有してその問題の解決が図られなければ、自立した生活への支援は困難なものとなってしまいます。

　日本の生活保護制度は、「最低生活の保障」と「自立の助長」という2つの側面を目的（生活保護法第1条）に法律がつくられているところに大きな特徴があります。いわば、「最低生活の保障」を経済給付としての社会保障的側面に、また「自立の助長」を個別援助（支援）という社会福祉的な側面に分けながら、法律の目的として並列させているのです。この2つの機能を生活保護制度のなかで最大限に発揮させていく役割を担っているのが、ケースワーカーということになります。

　ケースワーカーは、生活保護受給者の生活全体を把握しながら、その生活課題の解決を支援していく重要な役割を担っています。しかしながらケースワーカーは、近年の保護率の上昇の影響もあり、必ずしも本来のケースワーカーとしての役割（個別的支援）を十分に果たせているとはいえず、働くことによって自立することができる世帯（母子世帯など）を中心にかかわりをもっていることが多いといえるかもしれません。したがって、直接就労に結びつきにくい高齢者世帯への援助は、現状においては必ずしも、個別的な対応が十分に行われているとはいえない状況にあります。このような課題は、ケアマネジャーとの連携などを通した支援が、今後望まれるといえるでしょう。

4 生活保護制度がもつ厳格性と柔軟性

　一般的に生活保護制度は、申請してもなかなか保護が受けられないと思っている人も多いのではないでしょうか。実際、生活に困窮しているということが前提ではあるものの、資産の活用という点では、高齢者世帯の場合であっても最低生活に活用すべき資産があれば、これを活用することが求められています。しかし、現実に生活が困窮していれば、たとえ持ち家があったとしても、それを必ずしも資産として売却しなければならないというわけではありません。したがって、ケアマネジャーが支援を行っている高齢者が、ただ単に持ち家があるからといって生活保護を申請できないと考えるのは早計であり、実際には柔軟な対応を行うことは十分可能です。ただし、どのような場合に保護が受けられ、どのような場合に保護が受けられないかということは、いわば一人ひとりの生活状況によって異なるため、一概に定型化することができないというところに、ケアマネジャーから見ると、生活保護制度のわかりにくさと適用の難しさを感じるのではないでしょうか。

　一方、生活保護を受給している世帯に対しては、衣食住を保障する「生活扶助」や「住宅扶助」などを基本として、その人の生活上の困難に応じた保護が行われています（詳しくは第2章を参照）。特に、病気であれば生活保護独自の「医療扶助」が対応し、介護保険については「介護扶助」が対応するというように、個別の事情に対応した全部で8種類の扶助があります。さらに、病院への通院が困難な場合には、そのための交通費として、移送費が認められることもあります。また、住居費だけでなく住宅の補修などの費用も「住宅扶助」によって行われており、生活保護を受けている人それぞれの個別の生活を重視して、特別の生活需要についてはむしろ柔軟に対応することが可能な制度でもあります。

　高齢者に限っていえば、生活保護制度を受給することによって老後の最低生活保障が満たされる制度であり、生活保護の機能や役割をうまく

活用すれば、高齢者に対する積極的な援助も可能であるという点は、見落としてはならない生活保護制度の重要な特徴です。

5 生活保護制度を運用するケースワーカー

　行政組織を説明するにあたり、ここでは市（区）役所の場合を考えてみましょう。多くの役所の場合、福祉行政を管轄する部署は「保健福祉部」といった名称で、福祉六法＊を担当しているセクションがおかれています。そこでは、障害、児童、母子、高齢者、生活保護などの課に分けられています。その他、社会保険関係の国民年金、国民健康保険、さらに介護保険の課をおいている場合が一般的だといえます。

　さて、これらのセクションのなかで、介護保険に関するサービスは、介護保険課で一括して高齢者福祉施策を行っている場合もあれば、高齢者福祉課と介護保険課で分担している場合もあります。ケアマネジャーにとっては、介護保険の認定調査や給付管理に関する一般的な内容について、日常的なかかわりをもつことの多いセクションであるといえるでしょう。

　これに対して、どこの役所でも必ず独立して位置づけられているのが、生活保護のセクションです。一般には、保護課（生活福祉課などの場合もある）という名称で職員が配置されており、生活保護の申請等を含む相談窓口と、実際の生活保護受給者への保護の実施にあたる役割を担っています。

　相談窓口は、地域住民が直接訪れて生活上抱えているさまざまな問題を最初に面接という形で行い、相談内容の明確化、生活保護制度の説明や、生活保護が必要な場合の申請手続きなどを説明しています。この相談窓口を担当する職員を、一般に「面接員」と呼んでいます。

＊福祉六法とは、生活保護法・身体障害者福祉法・児童福祉法・知的障害者福祉法・老人福祉法・母子並びに父子及び寡婦福祉法をいう。

また、実際に生活保護の申請が受理されると、申請者の家に出向いて生活保護が必要であるか否かの「要否」に関する調査を実施したり、すでに生活保護を受給中の世帯に対しては日常的に訪問面接を行うという役割を担っているのが、「地区担当員」と呼ばれる職員です。
　ちなみにこれらの職員は、「社会福祉主事」という任用資格を有している「現業員」（法律上の名称）が担当します。この現業員が、一般的に「ケースワーカー」と呼ばれている職員です。
　ケアマネジャーから見ると、日常的なかかわりをもつことが多いのが、この地区担当員です。ケースワーカーとして、自ら担当する世帯の生活問題全般にかかわって仕事をしており、最低生活費に関する算定や各種の扶助の適用が必要であるかどうかも判断しています。また、介護保険における要介護認定結果に基づくケアプランの作成をケアマネジャーに依頼したり、具体的な介護サービスに基づく介護券の内容確認など、介護扶助の適否についても必要な判断を行う役割をもっています。

3 ソーシャルワークの視点による支援

1 「利用者主体」に基づく支援

　ケアマネジャーが行っている仕事（業務）と、援助方法としてのケアマネジメントには、どのような違いがあるのでしょうか？　実際に、ケアマネジャーは、利用者の生活上の支援を考慮した「支援計画としてケアプラン」を作成しているのですから、ケアマネジメントと同じものであるという認識をもっています。しかし、ここには、類似した言葉や表現をされるものの、用語の意味や解釈は領域によって異なり、言葉上の問題で混乱が生じているように思われます。

　一般に、対人援助を考える場合に大切なことは、サービスの提供者と受け手との相互関係を重視しなければならない点です。対人援助における基本的な視点は、第一に、援助を必要とする人の「個別性」や「主体性」を尊重するということです。このことは、目の前にいる人が抱えている生活上の問題を一面的にとらえるのではなくて、その人なりのそれまでのライフスタイルやその人が何を求めているかを把握し理解するということです。

　第二には、その人の生活を理解すること、つまり、「その人がどのような生き方をしてきたのか」ということ、また現在おかれている状況をその人がどのようにとらえ、今後どのような支援が必要であるかということを考えることです。

　第三に、援助を進める場合の大前提は、援助を必要としている人と援助者の相互関係を通じて行われるということです。これは、援助関係は一定のかかわりをもちながら進められるわけですから、そのプロセスを

積み上げて初めて、1つの結果が得られるということを意味します。

　現在の高齢者福祉の特徴は、援助を必要としている人に対して、その人が必要とするサービスの提供を通してニーズの充足を図るということが強調されている点です。しかし、サービス提供をする側は、時として、「こういう問題を抱えている人は、こういうニーズがあるはずだ」とか、「認知症の高齢者には、こういうサービスが必要だ」という発想をしてしまいがちです。ソーシャルワークにおける支援の基本は、本人が主体性をもち自己決定をすることができるように、援助者がかかわりながら支援をしていくことにあります。本来、「その人にとって何が最も適切なサービスであるのか」ということのはずが、いつの間にか、制度の枠に当てはめて支援を考えてしまってはいないでしょうか。

　ケアマネジャーにとってのソーシャルワークの視点で最も大切なことは、「足に合った靴」を利用者に提供することであり、強引に「靴に足を合わせる」ことではないはずです。そのためのケアマネジメントであり、ケアプランでなければなりません。この実現こそが、「ソーシャルワークの視点を重視する」ということにつながるのではないでしょうか。

　しかし、現実には、介護保険制度が介護を必要としているすべての高齢者のニーズを充足できるわけではありません。いわば、制度が想定しているサービスと現実の生活問題との間には、何らかのギャップが生じる可能性があり、そこにどのような整合性をつけていくかという問題があります。ケアマネジャーは、ケースワーカーを含む他の専門職との連携やサービス担当者会議を通して、積極的に他の社会資源を発掘・活用していくという役割が必要となってきます。地域包括支援センターとの情報交換や、その職員と連携をとるといったことも、1つの選択肢といえるでしょう。

　いずれにしても、ケアマネジャーの役割は、「利用者の主体性」を引き出しながら適切にプランニングし、利用者の「生活のニーズ」の充足を実現することだといえます。

　一方、これらを遂行していくためには、利用者を中心とした家族関係

（クライエントシステム）をも視野に入れながら、利用者の生活の把握や信頼関係を通して必要なサービスが提供されなければなりません。それとともに専門的な援助関係をいかにつくりあげていくかということが大切になってきます。

このような一連の仕事の流れと援助方法の活用を通して、介護保険制度がめざしている「利用者主体」に基づく支援が、可能となってくるわけです。

2 支援者としてのケアマネジャーの役割

高齢者介護において、介護保険制度の導入によって大きく変化した点は、介護保険サービスの計画からサービス利用に関する全体のプロセスを、ケアマネジャーが責任をもって行うという体制ができたことといえるでしょう。つまりそれは、介護保険制度におけるサービス提供のプロセスを展開していく役割が、ケアマネジャーにあるということです。しかしここで重要なのは、本来のケアマネジメントは、本人が自立した生活を送ることができるように、その人の抱えているさまざまな問題や課題に対して、解決のための援助をしていくということです。

このように考えると、ケアマネジャーが行うケアマネジメントは、介護保険の対象となっている人もなっていない人も含めて援助の対象であり、生活保護を受給している高齢者などは、最もケアマネジャーの援助を必要としている人であるといえるのではないでしょうか。

介護保険制度が導入されてから15年以上が経ちましたが、本来介護が必要な状態であるにもかかわらず、介護保険の認定を受けていない人も少なくないといわれています。さらに、近年は、介護予防の視点が強調されているなかで、「利用者主体」のサービス運営の考え方に基づく制度運営が進められており、後ほど述べるように、今後新たな地域包括ケアシステムの構築がめざされ、地域における介護サービスの支援が重視

されることになろうとしています。

3 生活保護における支援者としての「ケースワーカー」と「ケアマネジャー」の関係

　生活保護を受給している高齢者に対する日常的な支援は、福祉事務所の地区担当の社会福祉主事（ケースワーカー）が日常的な相談や支援を行っています。この地区担当のケースワーカーは、社会福祉法で担当世帯数の標準が定められており、80世帯（市部に設置された福祉事務所の場合）を担当することになっています。しかし、近年の生活保護受給世帯の増加に対応したケースワーカーの増員が不十分なために、1人のケースワーカーが100世帯以上を担当するなどの状況は、個々の世帯の生活状況の把握、きめ細かな支援をするための訪問活動などに支障を来しているという指摘もされています。地域を担当するケースワーカーは、日常的な訪問活動を円滑に進めるために、世帯ごとの生活状況に応じて訪問の頻度をA〜Dというように調整しているのが一般的です。

　具体的には、世帯の生活上の変化を日常的に把握しなければならないさまざまな問題を抱えている世帯の場合をAケース、それほど大きな問題はないが1か月から3か月に1回程度は定期的に訪問をして世帯の生活状況に変化がないかどうかを把握するレベルの世帯をBケースとしています。一方、生活上の変化がそれほど大きくない世帯の場合は、訪問を年間数回に限定してCケース、あるいはDケースというように分類して訪問の頻度を調整しています。このような形で担当世帯を分類することによって、ケースワーカーは、担当地区の世帯訪問を計画的に行うことによって、生活状況の把握を行っているわけです。

　このような訪問の分類から見ると、高齢者世帯の場合は、CケースあるいはDケースに割り振られることが多いと思われます。これは、生活保護に関する認定の変更といったことが少なく、長期に保護を受給して

いることもあって世帯の変化がないと判断されているからと考えられます。生活保護を受けている高齢者世帯の場合、ケースワーカーは必ずしもその世帯の日々の生活を十分に把握しているとは限らないのです。

　その一方で、生活保護では、保護の運営・実施に協力をする役割を担う立場の人の力が大きいといえるでしょう。地域の民生委員（生活保護の「協力機関」としての役割を担っています）は、とりわけ日常生活の把握を通した安否の確認や高齢者世帯への訪問を行っており、特別な問題が生じた場合などは担当ケースワーカーに連絡をするなど、情報の共有がされるような関係をもっています。

　このように見ると、生活保護受給高齢者は、日常的に介護保険やさまざまなサービスを利用している場合には、ケースワーカーよりもケアマネジャーやサービス提供事業者の職員のほうが、より深いかかわりをもっているといえるかもしれません。このことが、実は、情報の共有や連携という問題と密接にかかわってくることになるわけです。また、ケアマネジャーは、日頃の業務を通して「現在は生活保護を受けていないが、経済的に厳しい状況である利用者」の存在に気がつくかもしれません。そのような場合には、ケアマネジャーからケースワーカーに対しての情報提供が可能であるかもしれません。さらに、孤独死や孤立死の研究事例では、介護保険サービスの利用に消極的であったり拒否的な世帯が地域のなかで孤立しており、これらの世帯に支援者としてアプローチできるのは、地域包括支援センターやケアマネジャーが多いという研究結果もあります。このように、ケアマネジャーは地域の情報を把握し、積極的に提供することができる立場にあるといえるでしょう。さらにいえば、いわば「地域包括ケア」のシステムの中心的な役割を担い、例えば民生委員との連携なども担う立場にあるということもできるのではないでしょうか。

4 生活保護高齢者への支援者としてのケアマネジャーの役割

地域包括ケア体制と高齢者支援

　生活保護においては、自立支援を基本とした生活保護の運営が新たに進められてきました。いわゆる稼働年齢の人に対する就労支援に限定せず、就労に至らない多様な生活上の困難な課題を抱えている人に対しても「自立支援プログラム」がさまざまな形で位置づけられて進められています。また、近年の生活保護の施策は、受給者それぞれの世帯構成や年齢層の多様性を重視して、被保護世帯が安定した生活を再建し、地域社会への参加や労働市場への「再挑戦」を可能とするためのはたらきができることをめざした「自立支援」として位置づけていることが特徴となっています。

　ここで重要なのは、「自立」という意味づけをどのようにとらえるのかということです。その根拠は、社会福祉法第3条の「福祉サービスの基本的理念」に定められており、「①個人の尊厳の保持、②内容は、福祉サービスの利用者が心身ともに健やかに育成され、又はその有する能力に応じ自立した日常生活を営むことができるように支援する、③良質かつ適切なものでなければならない」という言葉で表現されています。

　この考え方を基本として、生活保護においては「自立支援」のあり方が以下の3つに整理されています。第一は、就労による経済的自立のための支援（就労自立支援）に限定しないこと。第二は、それぞれの被保護者の能力や抱えている問題とその状況に応じて、身体的・精神的な側面での健康を回復・維持していくこと、自分自身で健康・生活管理を行うことを目標とすることなど、日常生活において自立した生活を送るための支援（日常生活自立支援）としていること。第三は、地域社会との関係やつながりを十分に構築することができずに、自ら関係を絶ってしまうような生活をしている人に対して、社会的なつながりを回復・維持

するなど社会生活における自立の支援（社会生活自立支援）を行うこと、という考え方を示しています。

特に、生活保護を受給している高齢者は、就労といった自立支援の考え方ではなく、ここで述べている2番目（日常生活自立支援）および3番目（社会生活自立支援）の自立支援の考え方に基づく支援が必要とされています。このような考え方をもとに整理をすると、生活保護の枠組みだけでの支援では限界があり、被保護者と直接接している地方自治体が中心となって「自立支援プログラム」を策定することも必要になります。しかし、介護保険などのサービスを利用している高齢者への支援を考えると、かかわりをもつケアマネジャー、介護保険事業者、地域包括支援センターなどが積極的にかかわることは、新たな形での高齢者支援の方向性を示す契機となると考えることができるでしょう。

連携を重視したケアマネジャーの役割

これまで、生活保護を受給している高齢者の問題を中心に、連携のあり方を考えてきました。老後の高齢者の生活困窮の問題は、生活保護に限らず、少子高齢社会における生活問題の1つとして大きくクローズアップされるようになりました。高齢期の長期化が進行するなかで、いつ生活困窮状態に陥るかわからない「潜在的高齢層」も大きな課題となっています。

高齢者だけを対象にしたものではありませんが、生活保護に至る前の段階にある生活困窮者に対する自立支援を強化する目的で、2015（平成27）年4月に「生活困窮者自立支援法」が施行されました。厚生労働省によれば、生活困窮者自立支援制度は、失業、疾病、家族の介護、本人の心身の状況など複合的な課題を抱える生活困窮者の自立に向け、自立相談支援事業を中核に支援を展開することがめざされています。具体的には、多様な組織と専門職の連携を求めており、とりわけ、高齢者の介護問題とかかわる地域包括支援センターについて、「生活困窮者自立支援制度と介護保険制度」との連携を具体的に提示しています（「生活困

窮者自立支援制度と介護保険制度との連携について」(厚生労働省社会・援護局地域福祉・老健局振興課長連名通知　平成27年3月27日))。

　特に、この通知では、介護保険制度の要介護、要支援に該当しない者に対する支援について、アウトリーチを含めた対象者の早期発見に取り組むために、地域包括支援センター等との連携によって、これまで介護保険制度の利用に至っていなかった支援を要する高齢者を発見し、介護保険制度を含む高齢者向けの施策につなぐことが強調されています。さらに、ケアマネジャーがかかわる意義として、地域包括ケアシステム構築の役割だけでなく、新たな低所得高齢者の支援についてこれまで培ってきた相談支援のノウハウを、所属する地域包括支援センターを巻き込んで活用することが求められています。

　ケアマネジャーには、生活保護の被保護者に対する支援だけでなく、今後増大する低所得高齢者を含めた高齢者の自立支援の役割を広く担うことが求められているといえるでしょう。

連携・協働のために大切なこと

　介護保険制度では、ケアマネジャーが中心となって利用者へのケアプランやサービスの提供を進めていく役割が求められています。その際に、生活保護担当ケースワーカーとどのような形で連携を行っていくのか、よりよい連携を進めていくために必要なことはどのようなことであるかについて考えていきたいと思います。

　ここで特に大切なことは、ケアマネジャーとケースワーカーが連携を進めていく際に、この両者の日常的な関係や仕事のスタンスの違いを踏まえて、それらをどう連携に生かしていくかという視点です。

1 ケアマネジャーと生活保護担当ケースワーカーの視点の違い

　生活保護受給の高齢世帯へのかかわりは、ケアマネジャーのほうが密接な関係をもちやすいということは前述したとおりです。しかしここで大切なことは、同じ世帯であっても、ケアマネジャー側から見る生活のとらえ方と、ケースワーカー側から見る生活のとらえ方は、必ずしも同じではない可能性があるということです。その理由は、ケアマネジャーが介護保険制度とのかかわりから、サービスのニーズや利用を通して生活の維持や安定が図られているかどうかを主眼においているのに対し、ケースワーカーは、最低生活保障の観点から、生活上の問題がないかどうかを中心に生活を見ているからです。

　この両者の視点の違いを理解したうえで、ケアマネジャーがケースワーカーに必要な情報を提供することができれば、相互の関係も深まり、

ケースワーカーの側からもケアマネジャーが必要とする情報について聞くことができ、お互いが情報の共有をすることへとつながっていきます。このような両者の理解が、利用者の生活支援のためには、とても大切なことだといえます。

2 「情報の共有」と「役割分担」による信頼関係の構築

　ケースワーカーは、生活保護受給者に日常的なかかわりをもつことが求められているため、熱心なケースワーカーほど振り回されてしまうことが少なくありません。受給者によっては、何か困ったことがあると、ケースワーカーの都合も考えずに電話をかけてきてはすぐに来てほしいと言ってくる人もいます。また、「自分はいつも文句を言うので、生活保護費が減らされてしまった」とか、「相談しても担当のケースワーカーは何もしてくれない」といったことを、ケアマネジャーやホームヘルパーに話す高齢者もいるかもしれません。このように、生活保護に対する受給者自身の偏見や、生活保護制度の説明の不十分さなどと重なり合って増幅し、誤解や他からの誤った情報による知識が、ケースワーカーへの非難といった形で現れることもしばしば起こります。

　このような事例を経験したケアマネジャーは、ケースワーカーは世帯に対する援助を何もしていないのではないかと思ってしまうことがあるかもしれません。そのため、ケアマネジャーとケースワーカーとの間に、誤解からくる固定観念が生まれてくる可能性があります。

　一方、ケアマネジャーの側にも、自らの役割のみに固執してしまい、介護保険のなかのサービスしか視野に入れず、一面的に利用者本人の希望するサービスだけでケアプランをつくってしまう人が見受けられます。利用者の生活全体を把握せずに介護保険の範囲のみに固執して、介護保険以外に活用できるサービスには否定的であるといった対応を耳にすることがあります。さらに、介護保険事業所の状況によっては、ケア

マネジャーの仕事は介護保険の給付管理だけしていればよいというところがあり、収入にならないような仕事をケアマネジャーにさせないという事業所の対応もあると聞きます。そのため、ケアマネジャーとしては、仕方なく後のことはケースワーカーに任せておくというスタンスをとらざるを得ないような状況が生じていることも一部では考えられるでしょう。

　このようなケアマネジャーとケースワーカーの関係では、お互いの仕事を理解しながら連携や協働を積極的に進めていくことはできません。ここでまず大切なことは、顔の見えない電話でのやりとりをすることで日常業務を済ますのではなく、短時間でも直接会うこと、顔を合わせる努力が必要だということです。

　連携をつくりあげる前提として、ケアマネジャーとケースワーカーは、共通のケースを通していわば個人的な関係から出発する場合も多いと思います。しかし、目標は、あくまでもケアマネジャーとケースワーカーとの職種としての連携を考えることであることに注意しなければなりません。連携は、援助を必要とする利用者が、どのように安定した条件で生活することができるかということを考えて行う必要があります。

　つまり、互いが互いを考えることによって、それぞれのおかれている仕事の状況や利用者とのかかわりを率直に意見交換する場をもつことができるようになり、互いの仕事の進め方の違いや誤解について、容易に確認できるのではないでしょうか。さらに、双方が利用者の抱えているニーズを出し合い、その情報をすり合わせ、できることから役割分担することができれば、利用者にとってよりよい支援につながるはずです。

3　連携によって広がる利用者への支援方法

　連携ができていれば、利用者へのサービス提供がスムーズに進んだり、ケアマネジャーとケースワーカーとの間の意思疎通がうまくいったりす

るわけですが、実際には、双方の問題の認識や、お互いの制度で定められている範囲について十分な理解がされていないために、問題が複雑になってしまうことがしばしば起こります。

　その１つの例が、介護保険法での「住宅改修費」と、生活保護法での「住宅維持費」の違いです。介護保険制度では、住宅改修のサービスがありますが、生活保護法における「住宅扶助」の住宅改修と混同してしまっている場合が見受けられます。

　生活保護受給世帯であっても介護保険の被保険者であれば、必要な住宅改修が介護保険のサービスとして利用が可能です。一方、生活保護における「住宅扶助」で行うことができる住宅改修（住宅維持費）は、「現在の住宅に居住していくために必要な最低限の維持および補修のための費用」とされており、同じ住宅の改修であっても介護保険のような改修とは目的が異なります（第４章Ｑ32（128頁）参照）。しかし、ケースワーカーとの話し合いのなかから、住宅の老朽化による玄関の改修や浴槽を修理といったことは、生活保護における住宅維持費でも多くの場合対応が可能と考えられるでしょう。その改修の段階で、同時に手すりや段差の解消などを介護保険制度の住宅改修として行うといった方法も考えられるかもしれません。

　さらに１つ例をあげますと、生活保護を受給している高齢者の場合には、介護保険のサービスを受けながら在宅で生活していた人が、急に病状が悪化して入院をしなければならないことが起こり得ます。このような場合には、生活保護の「医療扶助」によって指定医療機関での入院をすることになりますが、その際、当然介護保険の給付は一時的に中断し、病院での治療が主体となります。このような場合は、入院先の病院に所属する医療ソーシャルワーカーとの間で、必要な手続きが行われることになります。したがって、この時点では、ケアマネジャーとのかかわりが一端途切れることになることもありますが、長期の入院でなければ、病院のソーシャルワーカーの退院支援との連携が必要となってきます。同時に、退院する場合にはケアマネジャーがもう一度ケアプランの作成

段階でかかわりをもつわけですが、この段階では、当然のことながらケースワーカーと医療ソーシャルワーカーとの連携も必要となります。特に、退院後のケアプラン作成の段階では、以前よりも体調がよくなった結果、要介護度がそれまでよりも低くなることもあり、入院前に受けていたサービスが利用できないといったことが生じることもあります。このような問題状況を把握するためには、ケアマネジャーとして医療ソーシャルワーカーとの連携が必要となってきます。

ここでは、医療ソーシャルワーカーが病院の生活から在宅生活に移行するために必要な情報を提供し、介護サービスの提供を中心とした生活が可能であるかどうかについての話し合いが必要となるでしょう。この事例のように、医療機関と介護サービス提供事業者に所属する専門職のいわば協働関係が必要であり、ここでの方針は、ケースワーカーに必要な支援として伝えることが「利用者本位」の支援へとつなげていく第一歩であるといえましょう。

また、退院後に一人では病院に行けないけれど、介護保険の移送サービスを使うと限度額を超えてしまうといった場合に、どうしたらよいか悩むことがあるでしょう。こういった場合には、今度はケースワーカーとの情報の共有が図られていれば、病院への通院は、例えば「医療扶助」の移送費で対応する、あるいは訪問看護を活用するといった対応策が出てくるかもしれません。このような場合には、ケアマネジャーとケースワーカーおよび病院のソーシャルワーカーなどを含め、ケア会議（必要に応じて関係機関の専門職を含めたケースカンファレンス）の実施を通して、問題の状況に応じた利用者支援を具体的に検討していくことにもつながると思います。

4 連携によって広がるケースワーカーとの継続的かかわり

さて、生活保護を受けている利用者の生活状況の把握には、ケースワー

カーが主体的にかかわることが必要とされていますが、ケアマネジャーとして日常的なかかわりが強くなればなるほど、利用者から生活保護に関して疑問を投げかけられることも出てくるかもしれません。このような場合には、ケアマネジャーとしてどこまで利用者の要望に応えるべきなのか、また、その際どのような対応をすべきなのかという悩みを抱えることも多いのではないでしょうか。「生活保護のことはケアマネジャーの仕事ではないので、ケースワーカーに聞いてほしい」というような対応は、かえって利用者との信頼関係を後退させてしまうことにつながりかねません。

　すでに述べたように、介護保険制度では、区分支給限度基準額に縛られる分だけかえって柔軟性がなくなってしまう場合でも、生活保護制度では、「住宅扶助」や「医療扶助」などの活用が考えられるほか、基準額を超えた場合でも特別基準を設定できるというような柔軟性をもっています。つまり、ケースワーカーと連携することによって、生活保護を受給している高齢者のQOL（生活の質）を高める援助の幅が、より広がっていくわけです。

　ここで重要なのは、お互いがここまではできる、これ以上はできないという役割分担をきちんと確認しておくことです。特に、生活保護受給世帯に多い、いわゆる「困難事例」という援助すべき課題が山積しているような利用者の場合には、介護保険制度と生活保護制度の関連性を、お互いが情報としてどのように共有しておくかが大切です。さらに、医療的サービスが必要になる場合、医療機関とそこに所属する医療ソーシャルワーカーへの確認は誰にとっても重要となるでしょう。特に、医療扶助の適用に関して共通理解とともに基本的視点を共有化し、情報として共有することも必要なことでしょう。こうした連携が、利用者の自立支援にいかに有効なものであるかということを、お互い常に意識しておきたいものです。

　また、福祉事務所では、多くの一般行政職員がそうであるように、生活保護を担当するケースワーカーも平均3年前後で異動があります。そ

の他にも、地区担当員の担当地域の変更などによる場合もありますが、ケアマネジャーがケースワーカーとの連携を考える場合には、個人的にいくつかの担当世帯へのかかわりを通し、ケースワーカーとの連携をうまくつくることができても、新しい担当ケースワーカーに変わってしまうと、最初から関係をつくり直さなければならないということもでてくるかもしれません。大切なのは、情報交換や連携の目標を、お互いの組織として人がかかわる体制をつくるために、共通の支援計画などをつくるなど、援助を必要としている人への支援経過の共通化などの工夫をしておくことも1つの連携の目標とすべきかもしれません。

　ケースワーカーの異動についての問題は、新しいケースワーカーへの早い段階での情報提供や、それまでのケースワーカーとのかかわりや了解事項などについて、できるだけ具体的に説明をしたり、今後の方針などについてもよく話し合っておくことが必要です。特に、ケアマネジャーとケースワーカーとの関係を、個人的関係からさらに一歩進めて、職種・組織の関係として位置づけることが大切です。新しいケースワーカーとの間で、ケアマネジャーとしてできること、ケースワーカーにお願いしたいことなどを、これまでのかかわりや経験をもとに明確化し、双方で合意していくことです。特に、異動してきた新任のケースワーカーは、行政経験自体は豊富であっても、社会福祉や生活保護の領域での経験は初めてという場合もあります。したがってこのような場合には、支援対象者のことを第一に考え、ケアマネジャー側から積極的にはたらきかけるといった主体的な側面が求められると思います。

　このようなケアマネジャーのスタンスは、その後のケースワーカーとの関係や連携をさらに深め、年度当初の担当ケースワーカーの異動による仕事の一時的停滞や不都合も解消され、そして将来における生活保護セクションでの共通の認識として合意を図っていく出発点につながっていくのではないでしょうか。

　これまで述べてきたことは、病院の医療ソーシャルワーカーについても同様のことがいえるわけです。つまり、利用者への支援は、これまで

のいわばセクショナリズムから自由な立場で、また、専門職としてのコミュニケーション技術を駆使して、「連携」という名の「つながり」の条件を積極的に構築していくことが必要であり、そこでは、利用者支援を通して専門性を相互に発揮することが求められているといえましょう。

　本章では、特に大切なこととして、生活保護受給者に対するかかわりをもつケースワーカーとの連携をどのように円滑に進めていくのか、さらに、福祉行政における制度運営と介護保険の中心的役割をもつケアマネジャーの仕事のかかわり方についても言及してきました。すでに述べたように、要介護認定を受けていない人や、生活保護基準以下で生活している高齢者も実際には数多く存在していると思われます。このような高齢者の生活に、介護保険制度がどのようにかかわっていくのか、さらにケアマネジャーとしてどのような役割を担い高齢者とかかわっていくかということが、今ケアマネジャーのみなさんには問われているように思います。近年の介護保険法の改正に伴う要支援者への支援、さらに介護報酬の改定などが、今後どのように利用者支援に影響するのかを検証するには、少しの時間が必要のようです。

　ケアマネジャーの役割は、単に高齢者のニーズに基づくケアプランやサービス提供だけではないことは本章で述べてきたとおりです。生活保護制度を必要としている低所得の高齢者に対しては、生活上の情報とともに、ケースワーカーへつなげていくという積極的な役割も求められているのだということを是非理解していただきたいと思います。

第 2 章

連携するために知っておきたい生活保護のこと

ケアマネジャーや医療ソーシャルワーカーなど、介護・医療にかかわる専門職のみなさんの多くは、サービス利用者あるいはその家族から、医療・保健・福祉に関連する生活上の問題について相談を受けることがしばしばあると思います。これらの問題に対処するためには、相談内容とかかわりのある分野の専門機関やそこに所属する専門職との間で、利用者の支援にとって有益な情報を相互に交換しあったり、直接連携をとったりしながら、協働的な支援活動を進めることが必要となります。とりわけ、相談の対象者が生活保護制度の利用者の場合は、介護サービスや医療サービスを検討する際に、生活保護担当ケースワーカーと連携をとらなくてはならないケースもあり、その際、いつ、どのような方法によって連携をとったらよいのか、迷うことがあるのではないでしょうか。

　この第2章では、そのための判断材料として必要となってくる、生活保護の制度や仕組み、また、ケースワーカーの支援活動（ソーシャルワーク）の実際について、福祉事務所、生活保護制度、生活保護ケースワーカーの3つの視点から理解を深めていきたいと思います。

1 福祉事務所

1 福祉事務所との連携

利用者負担にかかる相談

　介護保険サービスの利用者は、介護保険料とサービス利用料の原則1割（所得が多い場合は2割または3割）を負担しなくてはなりません。また、医療保険サービスの利用者は、医療保険料とサービス利用料の原則3割を負担する必要があります。ケアマネジャーや医療ソーシャルワーカーが日常業務を進めていくなかで、介護保険の利用者（第1号・第2号被保険者）や医療保険の利用者、あるいはその家族から、「最初は介護保険料や医療保険料を何とか支払っていたが、今は支払うことができず滞納してしまっている」とか、「もう少し訪問介護サービスを使いたい、あるいは医療サービスを利用したいのだが、これ以上の負担ができない」など、費用負担にかかわる深刻な相談を受けることがあるかと思います。このような場合には、ケアマネジャーや医療ソーシャルワーカーは、介護や医療の保険制度にある保険料や利用者負担額を減額する低所得者への支援対策や地方自治体独自の減免制度等について、利用者に情報提供するとともに、必要であれば市町村の窓口や担当者につないでいくというコーディネート機能を果たしているのではないでしょうか。

　2000（平成12）年の介護保険制度創設の際には、「サービスの普遍性」「サービスの公平性」「サービスの専門性」「サービスの妥当性」をいかに確保するかという論点で検討が進められました。介護保険制度におけるサービスの普遍性とは、「所得の多寡や家族形態等にかかわりなく、

サービスを必要とするすべての高齢者が利用できる」ということになりますが、実際には、低所得者層に位置する多くの人たちから、「利用料の支払いを考えると制度の利用を躊躇_{ちゅうちょ}してしまう」という声が寄せられています。また、医療サービス利用者の人たちからも、同様な声が寄せられている実態があります。こうした状況下、ケアマネジャーや医療ソーシャルワーカーのみなさんには、市町村の介護保険・医療保険担当者や生活保護の担当者との調整や連携を図りながら、「サービスの普遍性」を実現していくことが期待されているのではないでしょうか。

介護・医療サービスにおける生活保護の役割

ケアマネジャーや医療ソーシャルワーカーは、すでに介護保険制度や医療保険制度の減免制度（保険料、サービス利用料）の適用を受けているが、なお費用負担が困難な状況におかれた利用者からの相談に対して、生活保護の申請を検討しなくてはならない状況に迫られることがあります。

例えば、介護サービスの提供時に、「夫婦2人で受給する年金を合わせても、月に10万円程度にしかならない。介護サービス料や医療費の支払いが困難なため、今日まで妻のためにおむつ交換などを自分一人で何とかやってきた。最近足腰が弱り、ヘルパーの派遣や訪問看護を頼もうと思ったが、費用を支払うことができない」といった利用者からの相談があった場合は、生活保護制度の利用について検討することになります。一方、ケアマネジャーや医療ソーシャルワーカーとかかわりのあるサービス利用者が、すでに生活保護を受給中である場合には、利用者の自立に向けた効果的な支援を実現するために、ケアマネジャーや医療ソーシャルワーカーと生活保護のケースワーカーがお互いの制度を有効に機能させつつ、連携・協働しながら援助を展開していくことが必要となってきます。

このような場合、ケアマネジャーや医療ソーシャルワーカーのみなさんは、生活保護を実施する機関の役割、そこで実施される制度の現状、

生活保護受給者に対する支援者としての役割を担う生活保護ケースワーカーの具体的な社会福祉援助実践活動（ソーシャルワーク）の実際などについて、構造的・機能的に理解しておくことが肝要となります。このことは、調整・連携・協働による利用者への支援を効果的に進めていくうえでの必要条件だともいえます。

そこで、ケアマネジャーや医療ソーシャルワーカーの支援の一環として、福祉事務所やそこに所属するケースワーカーとの調整・連携・協働を図る場合に、事前に知っておいたほうがよいと思われる福祉事務所の役割や仕組みについて、ここでは紹介していきたいと思います。

2 福祉事務所の役割

公的機関としての福祉事務所の創設

1946（昭和21）年に制定された（旧）生活保護法が改正され、1950（昭和25）年5月に現行の生活保護法が公布されました。翌年3月には社会福祉事業法（現・社会福祉法）が制定され、地方自治体としての行政範囲とは別に、社会福祉実践の活動エリアとして一定規模の福祉地区が設けられ、生活保護法、児童福祉法（1947（昭和22）年制定）、身体障害者福祉法（1949（昭和24）年制定）の福祉三法の効果的運用をめざす公的機関としての福祉事務所が設置されました。

その後、福祉事務所は地域住民に直結した現業サービス機関として、社会福祉主事（ケースワーカー）が中心となり、福祉事務所運営指針（1953（昭和28）年、1971（昭和46）年策定）に基づいた社会福祉実践活動を今日まで展開してきています。

設置から約70年間、福祉事務所は「福祉行政の中核的な第一線の現業機関」として、生活保護と高齢、障害、児童、母子・父子に関連する社会福祉五法での、援護、育成または更生の措置を中心とした現業業務を行ってきました。

新たな社会福祉システムと福祉事務所の役割

　1980年代以降、「規制緩和」や「地方分権化」政策の流れのなかで、「人間・家族・社会・国家の関係性を合理的かつ公正に、そして、信頼に基づく社会システムに変えていくこと」を理念とした「社会福祉基礎構造改革」の取り組みが開始されて、福祉事務所の機構や役割は、制度創設時から大きく変化を遂げました。

　1986（昭和61）年には福祉行政分権化の第一歩として、老人ホームの入所措置など「社会福祉事務の団体委任事務化」が図られ、市町村の福祉事務所が地域住民により身近なものとなりました。その後、1989（平成元）年に示された福祉関係三審議会合同企画分科会の意見具申において、「市町村の役割重視」の考え方が示されました。この考え方に基づき、1990（平成2）年には「福祉関係八法の改正」が実施され、各市町村への老人保健福祉計画策定が義務化されて、高齢者を中心とする保健福祉ニーズへの総合的な対応をめざした新たな福祉サービス供給システムの構築が図られました。その一方で、来たるべき少子高齢社会における福祉ニーズに対応するための計画として、1989（平成元）年の高齢者保健福祉推進十か年戦略（ゴールドプラン）、1994（平成6）年の今後の子育て支援のための施策の基本的方向について（エンゼルプラン）、1995（平成7）年の障害者プランが国から示されました。

　その後21世紀を迎えて、従来の措置制度は解体され、高齢者福祉の領域における介護サービスの供給システムは、行政主導型から、社会保険方式をもとにした利用者とサービス事業者間の契約に基づく民間主導型へと転換されました。また、介護保険制度の創設により、社会福祉のサービス供給主体は、公共セクターから民間セクターや第三セクターへとシフトされました。そして障害者福祉分野には、障害者更生施設・授産施設などの利用に支援費支給方式が導入され、さらに2006（平成18）年4月からは障害者自立支援法（現・障害者の日常生活及び社会生活を総合的に支援するための法律）が施行されて、障害者や障害児の自立した日常生活や社会生活に必要な福祉サービスが、介護保険制度と同じ仕組み

により給付されることになりました。

　公的機関としての福祉事務所は、従来の「福祉行政の中核的な第一線の現業機関」としての役割とはまた別に、新たな福祉サービス供給システムを含めた社会資源を調整（コーディネート）する機能や、地域の総合福祉計画を計画・立案するためのアドミニストレーション、リサーチ、プランニング機能をもつことがその役割として求められるようになりました。

表2-1 福祉事務所の機能

- 迅速性……住民の福祉を守る第一線の窓口であり、住民の福祉ニーズに対して迅速に対応する機関
- 直接性……行政の最先端に立って、住民に対して直接相対してサービスを行う機関
- 技術性……対人行政を行うための専門性と技術性を備えている機関

出典：厚生省社会局庶務課監『新福祉事務所運営指針』全国社会福祉協議会、1971.

表2-2 福祉事務所機構

1　福祉事務所と各種相談機関（児童相談所・身体障害者更生相談所・知的障害者更生相談所・婦人相談所）の機能を統合化
2　福祉事務所と保健所機能を統合化
　　・保健福祉センター化
　　・福祉事務所と保健所を本庁組織化（大福祉事務所制）

表2-3 福祉事務所の設置数と管轄地区

（平成28年10月現在）

全国　1,247か所
　都道府県福祉事務所　208か所……郡部を管轄（必置）
　市福祉事務所　996か所……市部を管轄（必置）※政令市は区部ごとに設置
　町村福祉事務所　43か所……町村部を管轄（任意設置）

出典：厚生労働省「福祉事務所人員体制調査」2017.9

表2-4 福祉事務所職員の定数

設置主体の区分	現業員標準定数	標準定数に追加すべき定数
都道府県	被保護世帯が390世帯以下の場合6人	65世帯を増すごとに1人
市（特別区）	被保護世帯が240世帯以下の場合3人	80世帯を増すごとに1人
町村	被保護世帯が160世帯以下の場合2人	80世帯を増すごとに1人

図2−1 福祉事務所の標準組織図（人口10万人の場合）

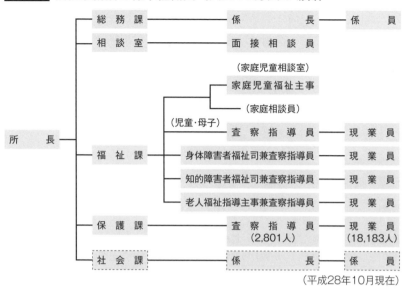

（平成28年10月現在）

区　　　　分	業　　務　　内　　容　　等
組織及び機構	福祉事務所の標準組織は、原則として総務課、相談室、福祉課及び保護課の３課１室をもって組織するものとする。 社会課は、福祉六法以外の社会福祉業務を扱う課とする。
１　総務課	総務課は、庶務一般、経理及び統計事務を所掌するほか、地域福祉計画の策定及び社会調査業務を行うものとする。
２　相談室	相談室は、来所者等に対する面接相談業務を行うものとする。職員の構成は、面接員のほか、母子相談員及び婦人相談員とする。なお、面接員は広く社会福祉全般の相談・助言に応じ得る者を配置し、格付けは査察指導員と同格とする。
３　福祉課	福祉課は、児童福祉法、身体障害者福祉法、知的障害者福祉法、老人福祉法及び母子及び父子並びに寡婦福祉法の福祉五法に関する業務を行うものとする。 （注　生活保護との重複ケースについては、保護台帳とは別に福祉課においてもそれぞれ所定の台帳を整備するものとする。）
(1)　家庭児童相談室	家庭児童相談室は、福祉課に所属し、家庭児童福祉主事及び家庭相談員は、福祉課長の指導監督を受けるものとする。
(2)　児童・母子担当	児童・母子担当の現業員は、家庭児童相談室で扱う以外の家庭児童福祉に関する一般的現業業務ならびに保育、母子保護、助産の実施に関する事務を行うものとする。 査察指導員は、福祉課長または家庭児童福祉主事が兼務しても差し支えないものとする。
(3)　身体障害者福祉司	身体障害者福祉司は、現業員に対し指導監督を行うことができるよう査察指導員に補職するものとする。
(4)　知的障害者福祉司	知的障害者福祉司は、現業員に対し指導監督を行うことができるよう査察指導員に補職するものとする。
(5)　老人福祉指導主事	老人福祉指導主事は、現業員に対し指導監督を行うことができるよう査察指導員に補職するものとする。
４　保護課	保護課は、生活保護法を相当する課とする。

出典：社会福祉法令研究会編『社会福祉法の解説』中央法規出版、124頁、2001．を一部改変

図2-2 社会福祉基礎構造改革以後の市部福祉事務所組織図の例

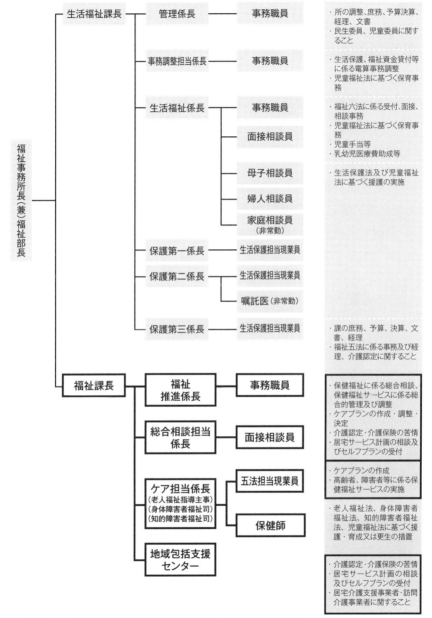

※太線部は、市・特別区の福祉事務所に新たに設置された介護保険制度所管課。

3 介護保険制度と福祉事務所

介護保険制度の導入

2000（平成12）年4月、高齢社会の到来による介護需要の高まりに対応すべく介護保険法が施行され、措置制度から契約利用方式を導入した「介護保険制度」が創設されました。その結果、都道府県レベルの自治体の福祉業務に、次の業務が新たに発生することとなりました。

- 介護保険業務に関する市町村への情報提供
- 「介護扶助」業務開始に伴う都道府県レベルでの調整
- 広域での介護認定審査会の設置に関する調整
- 居宅介護支援事業者や居宅介護サービス事業者の指定登録

また、市町村レベルにおいては、次の業務が発生することとなりました。

- 介護保険料の賦課・徴収
- 要介護認定に伴う調査
- 介護認定審査会の設置と運営
- ケアプランの作成（居宅介護支援事業者としての登録）
- 居宅介護サービスの提供（居宅介護サービス事業者として登録）
- 施設介護サービスの提供（施設介護サービス事業者として登録）

措置制度から契約制度へ

介護保険制度の創設後、これまで福祉事務所の高齢者福祉セクションやそこに所属するケースワーカーの措置によって行われてきた、介護サービスの給付決定（ケアプランの作成）と、高齢者の生活問題の解決に向けた社会福祉援助活動（ケアマネジメント）は、民間の居宅介護支援事業者に所属する専門職としての資格を備えたケアマネジャーが主に

担うことになりました。

　現在、ケアマネジャーや介護サービス事業者は、介護保険の開始時に設置された市町村の介護保険セクションと連携をとりつつ業務を進めていますが、連携する行政の介護保険セクションは、福祉事務所とは別の組織におかれていたり、認定調査や相談業務などそのうちの一部だけが福祉事務所に設置されていたりと、その状況は各市町村で異なっています。

地域包括支援センターの創設

　2006（平成18）年4月、「地域住民の心身の健康の保持及び生活の安定のために必要な援助を行うことにより、その保健医療の向上及び福祉の増進を包括的に支援すること」を目的として、地域包括支援センターが設置されました。そこでの基本的機能は、高齢者の総合的な相談窓口、介護予防ケアマネジメント、包括的・継続的マネジメントであり、そこには主任ケアマネジャー、社会福祉士、保健師といった保健・介護・福祉の専門職が配置されています。また、地域包括支援センターの利用者の中心は、要介護状態区分等において要支援1・2と認定され、予防給付が必要とされる人たちとなりました（介護予防・日常生活支援総合事業については、2015（平成27）年からは自治体独自のサービスとしての地域支援事業が開始されている）。

　なお、地域包括支援センターは、福祉事務所など行政内部に設置され行政職員の手によって運営されている場合と、行政が社会福祉法人や民間事業者に運営を委託している場合があります。

　現在、福祉事務所のケースワーカーはもちろんのこと、ケアマネジャーや医療ソーシャルワーカーにおいても、この地域包括支援センターとの連携による協働的なケアマネジメントやソーシャルワークを展開していくことが、重要な役割の1つとなっています。

図2-3 地域包括支援センターの機能

地域包括支援センター

※地域の実情をふまえ、基幹的な役割のセンター（※1）や機能強化型のセンター（※2）を位置づけるなどセンター間の役割分担・連携を強化

在宅医療・介護連携
地域医師会等との連携により、在宅医療・介護の一体的な提供体制を構築

生活支援コーディネーター
高齢者のニーズとボランティア等の地域資源とのマッチングにより、多様な主体による生活支援を充実

認知症初期集中支援チーム　認知症地域支援推進員
早期診断・早期対応等により、認知症になっても住み慣れた地域で暮らし続けられる支援体制づくりなど、認知症施策を推進

包括的支援業務　介護予防ケアマネジメント
従来の業務を評価・改善することにより、地域包括ケアの取り組みを充実

介護予防の推進
多様な参加の場づくりとリハビリ専門職の適切な関与により、高齢者が生きがいをもって生活できるよう支援

地域ケア会議
多職種協働による個別事例のケアマネジメントの充実と地域課題の解決による地域包括ケアシステムの構築

市町村	運営方針の策定・新総合事業の実施・地域ケア会議の実施等
都道府県	市町村に対する情報提供、助言、支援、バックアップ等

※1　基幹的な役割のセンター　（直営センターで実施も可）たとえば、センター間の総合調整、他センターの後方支援、地域ケア推進会議の開催などを担う

※2　機能強化型のセンター　過去の実績や得意分野をふまえて機能を強化し、ほかのセンターの後方支援も担う

出典：『ケアマネジャー　2017年7月号臨時増刊　ココが変わる！　2018年介護保険改正のポイント』中央法規出版、41頁、2017.

2 生活保護制度

1 生活保護制度の原理・原則

「最後のセーフティネット」としての生活保護制度

　ケアマネジャーや医療ソーシャルワーカーが福祉事務所の生活保護セクションとの連携を図る際に、ぜひとも知っておいてほしいのが生活保護制度の仕組みです。

　病気・事故・失業という誰もが陥る可能性がある状況が理由となり、所得が失われたときに、人は生活機能を失い、身体的にも精神的にも健康で文化的な生活が営めなくなってしまうことがあります。そんなとき、公的な年金や各種社会手当等の給付が高くないわが国においては、日本国憲法第25条の生存権保障を具体化するために創設された、「最後のセーフティネット」としての生活保護制度を利用することが、国民の権利として保障されています。

　このことを具体化するための制度運用にあたっての基本的な考え方は、厚生労働省による事務処理基準としての『生活保護手帳』（実施要領）に次のように記されています。「生活保護は、生活困窮者に対しひとしく最低限度の生活を保障する制度である。要保護者の事情を客観的な立場において把握し、公平な適用がなされなければならない」「生活保護は、被保護者の自立助長を図ることをあわせ目的とするものである。被保護者の個々についてその性格や環境を把握理解し、それに応じた積極的な援助をたゆまず行うようつとめること」とあり、この考え方に基づき、生活保護法の目的である「最低生活の保障」と「自立の助長」に沿った制度運用上の留意点が示されており、『生活保護手帳』は生活保護を実

施するケースワーカーの必携書となっています。

社会保障、社会福祉としての役割

　生活保護制度の実施は、(旧) 生活保護法 (1946 (昭和21) 年制定、1950 (昭和25) 年廃止) では、民間篤志家としての救護法時代の方面委員が、民生委員に名称を変えて制度の適用実施にあたっていました。しかし、現行の生活保護制度 (1950 (昭和25) 年) になってからは、公的機関である福祉事務所に所属する有給の専門職員である社会福祉主事 (ケースワーカー) が、これに替わって制度の実施にあたるようになっています (社会福祉法第14条・第15条)。

　現在、福祉事務所の生活保護担当ケースワーカーは、日本国憲法第25条の生存権保障の理念に基づく生活保護制度を、「社会保障」と「社会福祉」の2つの目的に沿って、具体的援助として提供していく役割を担っています。この制度の実施過程においては、生活保護法の規定する原理・原則に則った公平かつ公正な制度運用が求められています。

　現在の生活保護法は、全13章86条からなっていますが、ここでは生活保護制度運用の基本となる法の原理・原則について、紹介していくことにします。

生活保護法の原理 (生活保護法第1条〜第4条)

〈生存権保障・国家責任の原理〉
　法第1条　この法律は、日本国憲法第25条に規定する理念に基き、国が生活に困窮するすべての国民に対し、その困窮の程度に応じ、必要な保護を行い、その最低限度の生活を保障するとともに、その自立を助長することを目的とする。

〈無差別平等の原理〉
　法第2条　すべて国民は、この法律の定める要件を満たす限り、この法律による保護を、無差別平等に受けることができる。

〈最低生活保障の原理〉
　法第3条　この法律により保障される最低限度の生活は、健康で文化的な生活水準を維持することができるものでなければならない。

〈補足性の原理〉
　法第4条　保護は、生活に困窮する者が、その利用し得る資産、能力その他あらゆるものを、その最低限度の生活の維持のために活用することを要件として行われる。
　2　民法（明治29年法律第89号）に定める扶養義務者の扶養及び他の法律に定める扶助は、すべてこの法律による保護に優先して行われるものとする。
　3　前2項の規定は、急迫した事由＊がある場合に、必要な保護を行うことを妨げるものではない。

　（旧）生活保護法以前の社会事業の多くは、家族や地域社会による相互扶助を基本としていましたが、1946（昭和21）年に制定された（旧）生活保護法では、国民の生活について国家が責任をもつことが明確にされました。また、これまでの制限扶助主義（法文に受給資格者を制限列挙し、これ以外の者は扶助の対象としない）から、労働能力の有無や困窮の原因を問わずして、現に生活に困窮している状態であれば保護を適用するという、いわゆる無差別平等の原理による一般扶助主義（制限をつけることなく、すべての生活困窮者に対して国家責任において救済する）を建前とすることになりました。しかし、その一方で、「勤労意思のない人や素行不良を原因とした貧困については保護の対象とはしない」とする欠格条項が、（旧）生活保護法第2条において明記されてい

＊生活保護法第4条第3項に規定する急迫した事由とは、生存が危うい状態である場合や、社会通念上放置しがたい状況である場合のことをさす。なお、保護の実施機関（福祉事務所）は、資力があるにもかかわらず生活保護を支給した者に対しては、のちに、支給した保護費の範囲内で返還を請求しなければならないこととなっている（生活保護法第63条）。

たことから、制限扶助主義が一部残されていたといえます。

その後、（新）生活保護法（昭和25年法律第144号）が制定され、旧法の欠格条項が廃止され、一方、制度利用者の保護請求権や行政の決定処分に対しての不服申立権が認められることになりました。また、最低生活の保障水準は、日本国憲法第25条で示された「健康で文化的な最低限度の生活」が維持されることであり、単に生存を続けることのできる程度の水準であってはならない旨が規定されました。さらに、生活保護法第4条の「補足性の原理」に基づき、資産の活用、能力の活用、親族などによる扶養など、要保護者に対し自立を求め、そのうえで最低生活を営めない場合には、公的扶助によって補填するとしたことで、生活保護制度は、社会保障としての「最後のセーフティネット」として位置づけられることになりました。

「補足性の原理」（法第4条）と生活保護制度の運用

●資産の活用
現金、預貯金だけでなく、生活に直接必要のない土地・家屋、高価な（処分価値のある）貴金属、多額の解約返戻金がある生命保険などがあれば、売却したり解約して活用することが必要となります。

●能力の活用
生活保護を受けた後、働ける人はその能力に応じて働く必要があります。

●扶養義務
民法に規定されている扶養義務者（三親等内の親族）からの援助は、生活保護法に優先します。

●他法の活用
年金や手当など、他の法律や制度で給付が受けられる場合には、原則として、それらをすべて活用しなくてはなりません。

以上のことを行ってもなお、国の定める生活保護基準以下の収入しか

なく、生活に困窮している場合に限って、生活保護が受けられます。ただし、資産や収入を確認することができない状況にあり、緊急に医療が必要な状態など「急迫した事由」のある場合は、この限りではありません。

現在の生活保護制度における資産活用、能力活用などの範囲は概ね以上のとおりですが、実際の生活保護制度の運用時においては、何を利用しうる資産とし、何を活用するかなどについては一律に判断されるわけではなく、その時代の経済的・社会的背景や、対象者の自立に必要かどうかという、福祉的視点からの判断基準に基づいて、福祉事務所が個別的に決定することになっています。

例えば、家・土地などの財産は、すべて保有が認められないわけではなく、居住用の住宅であれば、処分価値が利用価値に対して著しく大きい場合を除いては保有が認められますし、事業用の家・土地であっても、世帯の自立に役立つと判断されれば保有は認められます。

また一般生活用品についても、エアコン等の電化製品など当該地域での普及率が70％程度以上のものであれば、原則として保有が認められます。自動車など保有率が70％以下のものであっても、病気や障害などのハンディキャップがあり、対象となる資産が最低生活を維持するために必要なものである場合、あるいは収入を得るために必要な機材であったりする場合など、その世帯の自立に向けて必要な物品であると判断されれば保有は認められます。

2005（平成17）年度より、それまで保有が認められていなかった学資保険や生活保護受給中の預貯金の保有が認められることになりましたが、その判断基準の根拠が、近年裁判によって示されることも多くなってきました。

さらに稼働能力の活用においても、病気をおしてまで働くことを求めているわけではありません。働ける能力があっても、養育・介護などの就労を阻害する要件がある期間は働かなくてもよいことになっています。なお、扶養義務者からの援助の優先については、夫婦、親子、兄弟

姉妹などが中心ですが、扶養義務者の生活に余裕がない場合には、扶養を強制されることはありません。

これらの「補足性の原理」の解釈と運用に関して、ケアマネジャーや医療ソーシャルワーカーのみなさんにぜひ知っておいてほしい点は、相談時に明らかに困窮していると認められる（要保護性がある）にもかかわらず、福祉事務所が資産活用、稼働能力活用、扶養義務の優先が図られていないことを理由として、生活保護の申請自体を受け付けないとすることは、制度上も制度運用上も認められてはいないという点です。

生活保護法においては、要保護者からの保護申請という権利行使があって初めて、保護の実施機関による給付決定（行政処分）が行われます。申請が受理された後に要否判定の手続きを経て、保護開始決定もしくは保護申請却下の処分が行われます。申請者はその決定内容に不服があれば、処分庁に対し不服申し立てを行う権利（審査請求・再審査請求）が認められています。

しかしながら、相談の段階で、行政側からの申請拒否により申請行為がなされなかった場合には、その後の行政処分も行われず、これに対しての不服申し立てもできないという状況になり、結果として要保護者は著しく不利益を被ることになります。行政側が恣意的に要保護者の申請権を侵害することは、法理上認められてはいません。

このように法の原理上は、実際の生活保護の適用にあたって、申請者の労働能力の有無や困窮の原因・理由を問われることはなく、現に今の状況が生活に困窮する状態でさえあれば、無差別平等にこの制度を受けられる仕組みになっています。

しかし一方で、市民一人ひとりの意識のなかには、生活保護制度を利用することへの抵抗感（スティグマ）が根強くあり、その結果、生活保護制度の対象となる状況であっても、申請に結びつかないという実態が多くあるのも現実です。

図2-4 生活保護決定の流れ図

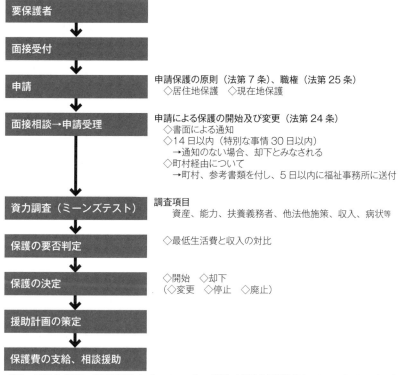

出典:岡部卓『改訂 福祉事務所ソーシャルワーカー必携』全国社会福祉協議会、35頁、2004. を一部改変

生活保護法の原則

〈申請保護の原則〉

> 法第7条　保護は、要保護者＊、その扶養義務者又はその他の同居の親族の申請に基いて開始するものとする。但し、要保護者が急迫した状況にあるときは、保護の申請がなくても、必要な保護を行うことができる。

＊「要保護者」とは、現に生活保護を受けているかどうかにかかわらず、保護を必要とする状態にある者である。なお、「被保護者」とは現に生活保護を受けている者を指す(生活保護法第6条)。

生活保護は、保護の申請（意思表示）があって初めて保護に必要な手続きが開始されることになります。また、要保護性が認められる人を発見した場合には、福祉事務所は適切に保護申請に向けた処置を講じなければなりません。ケアマネジャーや医師、看護師、保健師、医療ソーシャルワーカー、民生委員などからの情報提供があった場合にも、福祉事務所は同様に適切な処置を講じる必要があります。

> 〈基準及び程度の原則〉
> 　法第8条　保護は、厚生労働大臣の定める基準により測定した要保護者の需要を基とし、そのうち、その者の金銭又は物品で満たすことのできない不足分を補う程度において行うものとする。
> 　2　前項の基準は、要保護者の年齢別、性別、世帯構成別、所在地域別その他保護の種類に応じて必要な事情を考慮した最低限度の生活の需要を満たすに十分なものであって、且つ、これをこえないものでなければならない。

　生活保護基準には、一般基準と特別基準（一般基準では対応できない場合）が設定されていますが、その方法は、原則として毎年、厚生労働省告示の形式で行われています。生活保護の要否判定基準や、毎月の保護費の支給基準に用いられる生活保護の扶助の種類は、以下のようになっています。

図2-5　生活保護の要否判定基準

保護が受けられる場合

最低生活費	
収入が最低生活費を下回るため、その不足分のみ保護が受けられます。	
収入	保護費

保護が受けられない場合

最低生活費
収入が最低生活費を上回るため、保護は受けられません。
収入

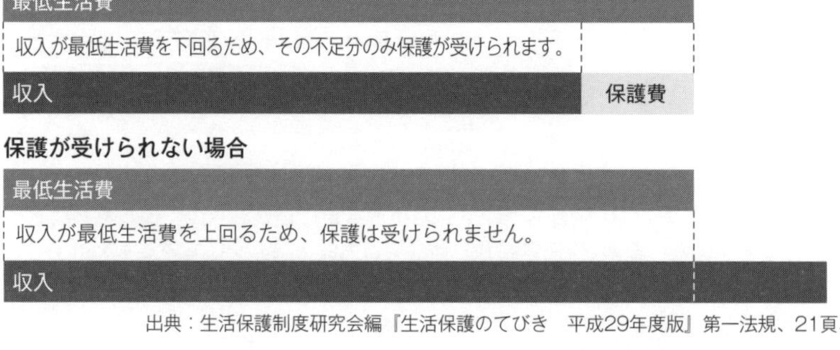

出典：生活保護制度研究会編『生活保護のてびき　平成29年度版』第一法規、21頁、2017.

表2-5 生活保護の扶助の種類（平成29年度）

生活扶助	第1類：個人単位の経費…食費・被服費など（年齢別）		
	第2類：世帯単位の経費…光熱水費・家具什器など（世帯人員別）		
	地区別冬期加算：冬期の暖房費（11月～3月）		
	各種加算	妊産婦加算：妊婦及び産後6か月までの産婦に対する栄養補給	
		母子加算：母子（父子）世帯における児童の養育に対する特別需要に対応	
		障害者加算：身体障害者手帳1級・2級・3級の身体障害者もしくは国民年金法施行令別表の1級・2級の障害者に対する特別需要に対応	
		介護施設入所者加算：介護施設入所中の者に対する特別需要に対応	
		在宅患者加算：在宅で傷病を原因として栄養補給の必要のある者に対する特別需要に対応	
		放射線障害者加算：原爆被爆者で重度の障害がある者に対する特別需要に対応	
		児童養育加算：中学校修了までの児童の養育にあたる者の特別需要に対応	
		介護保険料加算：介護保険第1号被保険者で普通徴収により保険料を納付する者	
	移送費：保護施設への入所など		
	入院患者日用品費：病院または診療所（介護療養型医療施設を除く）入院時に必要な一般生活費		
	介護施設入所者基本生活費：介護施設入所時に必要な一般生活費		
	期末一時扶助：年末（12月）の生活の特別需要に対応		
	一時扶助	被服費：布団、被服、新生児被服、寝巻、おむつの購入	
		入学準備金：小中学校入学時の準備品	
		家具什器費：長期入院者などの退院時に必要な家具什器の購入	
		配電設備費：配電設備が必要な場合の敷設費用	
		水道、井戸または下水道設備費：水道の敷設が必要な場合の敷設費用	
		液化石油ガス設備費：プロパンガス等液化石油ガス設備費	
		家財保管料：やむを得ない事情により、家財を自家以外の場所に保管する費用	
		家財処分料：借家等に居住する単身の被保護者が入院又は入所し家財の処分が必要な場合	
		妊婦定期検診料：妊娠した被保護者が定期検診を受ける場合	
		不動産鑑定費用等：要保護世帯向け不動産担保型生活資金を利用することに伴って必要となる不動産鑑定費用	
住宅扶助	家賃、間代、地代：保証金、敷金、礼金など転居にかかる費用		
	補修費等住宅維持費		

第2章　連携するために知っておきたい生活保護のこと

教育扶助	学級費、学校給食費、教材代、通学交通費、学習支援費など小・中学校の就学に必要な経費
介護扶助	詳細は80頁参照
医療扶助	詳細は93頁参照
出産扶助	分べん費（施設・居宅）、衛生材料費など
生業扶助	自立に向けて必要な生業費、技能修得費、高等学校等就学費、就職支度費
葬祭扶助	検案、死体運搬、火葬・埋葬、納骨、その他葬祭に必要な費用
勤労控除	自立に向けて一定の勤労収入があった場合は、その収入金額の一部を勤労控除として控除する扱いとする 新規に就労した場合には、新規就労控除が、未成年者が就労した場合には、未成年者控除が適用される

表2-6 最低生活保障水準（月額）の具体的事例（平成29年度）

	高齢者単身世帯					
	68歳					
	1級地-1	1級地-2	2級地-1	2級地-2	3級地-1	3級地-2
世帯当たり最低生活費	93,870	90,450	86,190	84,530	76,390	73,560
生活扶助	80,870	77,450	73,190	71,530	68,390	65,560
住宅扶助	13,000	13,000	13,000	13,000	8,000	8,000

（注）1　住宅扶助は、住宅費が上記の額を超える場合、地域別に定められた上限額の範囲内でその実費が支給される。以下同じ。
　　　2　上記の額に加えて、医療費等の実費相当が必要に応じて給付される。以下同じ。

	高齢者2人世帯					
	68歳、65歳					
	1級地-1	1級地-2	2級地-1	2級地-2	3級地-1	3級地-2
世帯当たり最低生活費	133,730	128,620	122,250	119,770	110,090	105,860
生活扶助	120,730	115,620	109,250	106,770	102,090	97,860
住宅扶助	13,000	13,000	13,000	13,000	8,000	8,000

	障害者を含む2人世帯					
	65歳、25歳（障害者）					
	1級地-1	1級地-2	2級地-1	2級地-2	3級地-1	3級地-2
世帯当たり最低生活費	186,350	181,270	173,100	170,610	159,110	154,900
生活扶助	120,230	115,150	108,820	106,330	101,670	97,460
障害者加算	26,310	26,310	24,470	24,470	22,630	22,630
重度障害加算	14,580	14,580	14,580	14,580	14,580	14,580
重度障害者家族介護料	12,230	12,230	12,230	12,230	12,230	12,230
住宅扶助	13,000	13,000	13,000	13,000	8,000	8,000

出典：厚生労働省

表2-7 最低生活費の計算の仕方（平成29年度）

(①、②、③、④、⑤、⑥、⑦の番号の順に合計してください。)

【最低生活費】　　　　　　　　　　　　　　　　　　　　　　　　　　　　　　（単位：円）

①生活扶助基準（第1類）

年齢	基準額①						基準額②					
	1級地-1	1級地-2	2級地-1	2級地-2	3級地-1	3級地-2	1級地-1	1級地-2	2級地-1	2級地-2	3級地-1	3級地-2
0〜2	21,510	20,540	19,570	18,600	17,640	16,670	26,660	25,520	24,100	23,540	22,490	21,550
3〜5	27,110	25,890	24,680	23,450	22,240	21,010	29,970	28,690	27,090	26,470	25,290	24,220
6〜11	35,060	33,480	31,900	30,320	28,750	27,170	34,390	32,920	31,090	30,360	29,010	27,790
12〜19	43,300	41,360	39,400	37,460	35,510	33,560	39,170	37,500	35,410	34,580	33,040	31,650
20〜40	41,440	39,580	37,710	35,840	33,980	32,120	38,430	36,790	34,740	33,930	32,420	31,060
41〜59	39,290	37,520	35,750	33,990	32,220	30,450	39,360	37,670	35,570	34,740	33,210	31,810
60〜69	37,150	35,480	33,800	32,140	30,460	28,790	38,990	37,320	35,230	34,420	32,890	31,510
70〜	33,280	32,020	30,280	29,120	27,290	26,250	33,830	32,380	30,580	29,870	28,540	27,340

人員	逓減率①						逓減率②					
	1級地-1	1級地-2	2級地-1	2級地-2	3級地-1	3級地-2	1級地-1	1級地-2	2級地-1	2級地-2	3級地-1	3級地-2
1人	1.0000	1.0000	1.0000	1.0000	1.0000	1.0000	1.0000	1.0000	1.0000	1.0000	1.0000	1.0000
2人	1.0000	1.0000	1.0000	1.0000	1.0000	1.0000	0.8850	0.8850	0.8850	0.8850	0.8850	0.8850
3人	1.0000	1.0000	1.0000	1.0000	1.0000	1.0000	0.8350	0.8350	0.8350	0.8350	0.8350	0.8350
4人	0.9500	0.9500	0.9500	0.9500	0.9500	0.9500	0.7675	0.7675	0.7675	0.7675	0.7675	0.7675
5人	0.9000	0.9000	0.9000	0.9000	0.9000	0.9000	0.7140	0.7140	0.7140	0.7140	0.7140	0.7140

②生活扶助基準（第2類）

人員	基準額①						基準額②					
	1級地-1	1級地-2	2級地-1	2級地-2	3級地-1	3級地-2	1級地-1	1級地-2	2級地-1	2級地-2	3級地-1	3級地-2
1人	44,690	42,680	40,670	38,660	36,640	34,640	40,800	39,050	36,880	36,030	34,420	32,970
2人	49,460	47,240	45,010	42,790	40,560	38,330	50,180	48,030	45,360	44,310	42,340	40,550
3人	54,840	52,370	49,900	47,440	44,970	42,500	59,170	56,630	53,480	52,230	49,920	47,810
4人	56,760	54,210	51,660	49,090	46,540	43,990	61,620	58,970	55,690	54,390	51,970	49,780
5人	57,210	54,660	52,070	49,510	46,910	44,360	65,690	62,880	59,370	57,990	55,420	53,090

※冬季（11月〜翌3月）には地区別に冬季加算が別途計上される。

　　生活扶助基準（第1類＋第2類）①　　　　　生活扶助基準（第1類＋第2類）②

※各居宅世帯員の第1類基準額を合計し、世帯人員に応じた逓減率を乗じ、世帯人員に応じた第2類基準額を加える。

　生活扶助基準（第1類＋第2類）①の3分の0　＋　生活扶助基準（第1類＋第2類）②の3分の3

※「生活扶助基準（第1類＋第2類）②」が「生活扶助基準（第1類＋第2類）①×0.9」より少ない場合は、
　「生活扶助基準（第1類＋第2類）②」を「生活扶助基準（第1類＋第2類）①×0.9」に読み替える。

③加算額

(単位：円)

加算できる対象者		加算額		
		1級地	2級地	3級地
障害者	身体障害者障害程度等級表の1、2級に該当する者等	26,310	24,470	22,630
	身体障害者障害程度等級表の3級に該当する者等	17,530	16,310	15,090
母子世帯等	児童1人の場合	22,790	21,200	19,620
	児童2人の場合	24,590	22,890	21,200
	3人以上の児童1人につき加える額	920	850	780
中学校修了前の子どもを養育する場合		15,000（子ども1人につき）		

i 該当者がいるときだけその分を加えてください。
ii 入院患者、施設入所者は金額が異なる場合があります。
iii このほか、「妊産婦」などがいる場合は別途妊産婦加算などがつきます。
iv 児童とは、18歳になる日以降の最初の3月31日までの間にある者をいいます。
v 障害者加算と母子加算は併給できません。

④住宅扶助基準

	実際に支払っている家賃・地代
1級地	13,000円以内
2級地	13,000円以内
3級地	8,000円以内

地域によりこの額以上の特別の額が認められる。

⑤教育扶助基準・高等学校等就学費

区分	基準額	学習支援費
小学生	2,210円	2,630円
中学生	4,290円	4,450円
高校生	5,450円	5,150円

このほか必要に応じ教材費・入学金（高校生の場合）などの実費が計上されます。

⑥介護扶助基準

居宅介護等にかかった介護費の平均月額

⑦医療扶助基準

診療等にかかった医療費の平均月額

最低生活費認定額

このほか、出産、葬祭などがある場合は、それらの経費の一定額がさらに加えられます。

出典：厚生労働省

表2-8 生活保護基準額表（平成29年度、1級地－1）

各 種 加 算				
妊 婦	妊娠6か月未満		妊娠6か月以上	
	8,960 円		13,530 円	
産 婦	母乳のみの場合産後6か月間		8,320 円	
	その他の場合産後3か月間			
障 害	障1・2級 国年　1級	障　3　級 国年　2級	重度障害者	特別介護料
	居宅 　26,310 円	居宅 　17,530 円	14,600 円 7/1 ～ 14,580 円	世帯員 　12,230 円 介護人 　70,080 円以内 （特別基準） 　105,130 円以内
	入院入所 　21,890 円	入院入所 　14,590 円		
在 宅 患 者	13,020 円			
放 射 線	治療中　42,960 円		治癒　21,480 円	
児童養育	第1子及び第2子	3歳に満たない児童	15,000 円	
		3歳以上の児童であって中学校修了前の者	10,000 円	
	第3子以降	小学校修了前の児童	15,000 円	
		小学校修了後中学校修了前の児童	10,000 円	
母　　子	児童1人	児童が2人の場合に加える額	児童3人以上1人を増すごとに加える額	
	居宅　　22,790 円 入院・入所 　　　　18,990 円	居宅　　1,800 円 入院・入所 　　　　1,530 円	居宅　　　920 円 入院・入所 　　　　　750 円	
介 護 施 設	9,690 円以内			

住宅扶助	一般基準　13,000　円以内			
	世帯人数	1人			
	床面積	6m²以下	6m²超～10m²以下	10m²超～15m²以下	15m²超
	都内基準額	38,000円以内	43,000円以内	48,000円以内	53,700円以内
	特別基準額	69,800円以内			
	敷金等の額	279,200円以内			
	更新料等	104,700円以内			
	世帯人数	2人	3人	4人	5人	6人	7人以上
	都内基準額	（円以内）64,000	（円以内）69,800	（円以内）69,800	（円以内）69,800	（円以内）75,000	（円以内）83,800
	特別基準額	75,000	81,000	86,000	91,000	91,000	97,000
	敷金等の額	300,000	324,000	344,000	364,000	364,000	388,000
	更新料等	112,500	121,500	129,000	136,500	136,500	145,500

（注）平成27年6月末現在保護受給していた世帯の経過措置及び単身世帯の面積減額についての緩和措置がある。

出産扶助	一般基準		施設分娩（加算額）	衛生材料費（加算額）
	施設分娩	居宅分娩		
	293,000円以内	262,000円以内	8日以内の入院料（医療扶助）の実費	5,700円以内
	特別基準	出産予定日の急変等	308,000円以内	
		産科医療補償制度による保険料（掛金）	30,000円以内	

生 業 費	技 能 修 得 費	就 職 支 度 費
46,000 円以内 （特別基準） 77,000 円以内	78,000 円以内 （特別基準） 131,000 円以内 （自立支援プログラム） 年額 209,000 円以内	31,000 円以内

（高等学校等就学費）

費　目	給　付　対　象	基　準　額
基　本　額	学用品費、通学用品費	5,450 円
学　級　費　等	学級費、生徒会費	1,670 円以内
通　学　費	通学のための交通費	必要最小限度の額
授　業　料	支援金・無償対象以外	都立高校の授業料、入学料、受験料の額以内
入　学　料	入学金	
受　験　料	入学考査料	
入 学 準 備 金	学生服、カバン、靴等	63,200 円以内
教　材　費	教科書、ワークブック 和洋辞典、副読本的図書	実費支給
学 習 支 援 費	5,150 円	
災害等の学用品費の再支給	27,250 円以内	
災害等の教科書等の再支給	27,250円に加えて、教材費として支給対象となる範囲内で必要な実費	

左側ラベル: 生業扶助

区　分	大　人	小　人
一　般　基　準	206,000 円以内	164,800 円以内

法第18条第2項第1号に該当する死者に対し葬祭を行う場合は、1,000円を加算する。

火葬料が大人600円、小人500円をこえる場合は、当該こえる額を基準額に加算する。

自動車料金その他死体の運搬料が15,290円をこえる場合は、7,340円を限度として、当該こえる額を基準額に加算する。

死亡診断又は死体検案に要する費用が5,250円をこえる場合は、当該こえる実費を基準額に加算する。

火葬又は埋葬を行うまでの間、死体保存のため特別な費用を必要とする場合は、実費を基準額に加算する。

左側ラベル: 葬祭扶助

一時扶助	配電・水道・井戸・下水道設備費		特別基準 （1.5倍額）		120,000　円以内 180,000　円以内
	住宅扶助	住宅維持費 （年額）	一般基準 （特別基準）		120,000　円以内 180,000　円以内
	家具什器費		一般基準 （特別基準）		28,700　円以内 45,800　円以内
			暖房器具 （特別基準）		20,000　円以内 50,000　円以内
	家財保管料			月額	13,000　円以内
	被服費	布団類	再生一組につき		13,100　円以内
			新規一組につき		19,100　円以内
		平常着			13,800　円以内
		新生児衣料			50,900　円以内
		入院時寝巻			4,300　円以内
		紙おむつ等		月額	19,900　円以内
		災害時被服費		夏季（4月～9月）	冬季（10月～3月）
			2人まで	19,500　円以内	35,000　円以内
			4人まで	37,100　円以内	59,300　円以内
			5人まで	47,700　円以内	75,300　円以内
			6人以上1人増すごとに加算する額	7,000　円以内	10,400　円以内
	入学準備金		小学校等		40,600　円以内
			中学校等		47,400　円以内
	就労活動促進費			月額	5,000　円

	基　準　額	冬季加算（Ⅵ区）
介護施設入所者 基本生活費	9,690　円以内	980　円

＊　冬季加算（居宅）特別基準は1.3倍額。

〈必要即応の原則〉
　法第9条　保護は、要保護者の年齢別、性別、健康状態等その個人又は世帯の実際の必要の相違を考慮して、有効且つ適切に行うものとする。

　生活保護の援助実践は、人の自立に向け必要と認められる金銭や現物の給付を行うとともに、貧困や生活困難に陥っている人に対して、さまざまな制度・施策や社会資源の活用を図りながら、生活を支えるための個別援助を実施していくことにあります。しかし、その援助過程においては、ケースワーカーの裁量行為が必要とされる場面が数多く登場します。例えば、生活保護の実施にあたり、一般基準では対応できない個人・世帯の個別的需要・特殊的事情に対しては、自立の助長に役立つと判断される限りにおいて、各種加算や特別基準での対応により最低生活の保障をしていきます。

〈世帯単位の原則〉
　法第10条　保護は、世帯を単位としてその要否及び程度を定めるものとする。但し、これによりがたいときは、個人を単位として定めることができる。

　生活保護の要否や程度の決定は、世帯単位で行うのが原則となります。ただし、世帯を同じにしていても、世帯単位の扱いをすることが法の目的である自立の助長に適合しないという場合には、世帯員の一部を世帯分離して取り扱うことも可能となっています。
　前述した生活保護の実施要領には、「世帯員のなかに長期間入院もしくは施設入所している者がいて、引き続きその者の長期入院・入所が見込まれており、その者だけを世帯から切り離して保護を行うことがその世帯の自立にとって望ましい場合」「常時世話が必要な保護受給中の者に対して日常の世話にあたることを目的に、保護を必要としない者が転入してきた場合で、その者を世帯分離したほうがその世帯の自立にとって望ましい場合」などの例を含め、全8項目が制限列挙的に世帯分離可能な例として記載されています（第4章Q2（100頁）を参照）。

③ 生活保護ケースワーカー

　生活保護の相談は、経済問題だけではなく、労働・健康・教育・住宅・家族関係など多岐にわたります。単身世帯であっても、これらの問題が重層的に存在することもあり、複数世帯であった場合には、さらに多くの問題を内包していることもあります。

　生活保護担当ケースワーカーはそれぞれの問題について、心理的・社会的・経済的側面から利用者の生活実態を把握して、自立に向け必要と認められる金銭や現物による経済給付を行います。また、高齢・障害・疾病・不慮の事故・社会的不適応・家庭不和・虐待などのさまざまな生活上の困難な問題がある人々に対しては、諸制度・施策などあらゆる社会資源を有効に活用しながら、個別援助（ケースワーク）をしていきます。

1 援助・支援のポイント

　ケアマネジャーや医療ソーシャルワーカーのみなさんは、利用者からさまざまな生活相談を受けることがあり、その場合には生活全般にかかわる支援計画を自らの裁量のなかで立てながら、現実的な支援に臨んでいるかと思います。

　生活保護のケースワーカーも、単に経済的給付さえすればよいというわけではなく、利用者一人ひとりの自立した生活の実現に向けた、さまざまな支援を展開していくことが大きな役割となっています。したがって、生活保護制度の実施者であるケースワーカーには、社会生活における公平性、公正性を担保しながら、利用者の身体的自立、心理的自立、

あるいは社会的自立に向けた積極的な援助が常に求められています。

『生活保護手帳　別冊問答集　2017』(中央法規出版)の前書きには、「要保護者が生活保護の申請に至るまでには、さまざまな生活課題に直面し、心身共に疲弊していることが少なくない。また、要保護者には相談にのってくれる人がいないなど、社会的なきずなが希薄で、不安感、疎外感を持って生活している場合も多い。したがって、ケースワーカーはそうした要保護者の立場や心情をよく理解し、懇切、丁寧に対応し、積極的にその良き相談相手となるよう心がけなければならない」と記されています。この「良き相談相手」であることは、経済的給付と自立に向けた援助のそれぞれの実践過程において求められるものであって、そこにはケースワーカーの裁量行為を支える科学性と専門性に支えられたソーシャルケースワークの技術や方法が必要とされます。

このように、生活保護のケースワーカーとケアマネジャー、医療ソーシャルワーカーは、共通した援助の目的に沿って(ケースワーカーはケースワークという実践方法に基づき、一方、ケアマネジャーはケアマネジメントという実践方法に基づきながら)、利用者の支援にあたっているという点では、ともに同じ仕事をしている関係にあるといえましょう。

ここでは、今後、ケアマネジャーのみなさんのケアマネジメント業務と医療ソーシャルワーカーのソーシャルワーク業務を進める際の参考となるように、生活保護における援助実践に必要なケースワークの技術、方法とは何かについて、具体的に検討してみることにします。

生活保護ケースワーカーと利用者との「関係性」

生活保護ケースワーカーの実践の主たる役割は、日本国憲法第25条の理念に基づく制度としての生活保護制度を、具体的な援助として生活保護利用者(クライエント)に提供していくことです。しかしそのためには、利用者と援助者が良好な「援助関係」、すなわち、相互に「信頼関係」を成立させ、その関係を安定的に継続させていくことが、本制度の実施過程全般を通じて必要となってきます。

ケースワーカーは、インテーク（初期の受付面接）の段階で、利用者との関係において「信頼関係」を築くことが必要であり、この両者の「関係性」が、その後の援助過程全般において重要な位置を占めることにもなります。

「信頼関係」の構築

　福祉事務所を訪れる人たちのなかには、何らかの身体的・心理的問題を抱え、自らのおかれている状況や将来の生活に展望を見いだせず、ケースワーカーにそのことを正確に伝えられない人たちがいます。こうした状況におかれている人たちに対して、制度を有効に機能させるための第一段階として、国民のセーフティネットである生活保護制度の目的やその利用方法、具体的手続きの進め方などを、利用者の立場に立ってケースワーカーは丁寧に説明していくことが重要になります。

　さらに、利用者が抱える生活上の困難や課題の解決を図るためには、援助の目標やプランニング（計画の設定）が必要となります。プランニングの際は、ケースワーカーの一方的な判断によってその内容を決定するのではなく、まずは利用者の本来的な意思がどこにあるかをケースワーカーは把握し、そのうえで利用者とのコミュニケーションを図ることによってそれを明確化します。そして、それに沿った自己決定ができるように援助することが、ケースワーカーの役割となります。

　このような、制度や援助についての丁寧な説明や、「自己決定」を促すための利用者との十分な話し合いが繰り返し行われることによって、ケースワーカーと利用者との「信頼関係」が構築されていくといえます。

　このように、ケースワーカーと利用者との「関係性」の重視という点については、医療ソーシャルワークの実施の過程やケアマネジャーのみなさんがケアプランを含めた生活支援計画を策定する過程においても、重要なポイントになるのではないでしょうか。

　バイステック（F.P.Biestek）は、「『援助関係』とは、ケースワーカーとクライエントとの間に生まれる態度と感情による力動的な相互作用で

ある。そして、この『援助関係』は、クライエントが彼と環境との間によりよい適応を実現していく過程を援助する目的をもっている」＊としています。「援助関係」を築く重要な機能が「援助過程」であるとして、「援助関係」をケースワークの魂、「援助過程」をケースワークの身体と

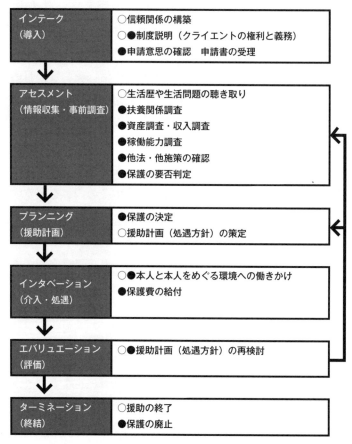

図2-6 生活保護ケースワーカーのケースワーク実践（援助の過程）

○は対人援助としてのケースワーク
●は生活保護実施要領に基づく生活保護の決定・実施のためのケースワーク

＊F.P.バイステック、尾崎新・福田俊子・原田和幸訳『ケースワークの原則―援助関係を形成する技法― 新訳改訂版』、誠信書房、2006.

位置づけ、両者が一体となって機能するときに効果的な援助がもたらされると定義づけています。利用者との関係における援助者側の態度を、7つの原則（個別化、意図的な感情表現、統制された情緒的関与、受容、非審判的態度、自己決定、秘密保持）にまとめた著書『ケースワークの原則』は、生活保護のケースワーカーだけではなく、すべての社会福祉援助実践者の必携書となっています。

> さまざまな社会資源の活用と、専門機関・専門職種との連携と協働

　ケースワーカーは、利用者の抱える生活問題に対し、多くの人たちからの援助がなければ問題の解決や緩和が図れないという場合、ケースワーカー自身が中心となって、医療・介護・保健・労働・教育・司法等の専門機関、身体・知的障害福祉、児童福祉、母子福祉、高齢者福祉など他の制度を所管する組織や施設、あるいはそこに所属する専門職員などと連携しながら、協働的な社会福祉援助活動を行うことになります。

　医療・介護などの健康上の問題を抱える場合は、解決に向けて、医師、保健師、看護師、ケアマネジャー、医療ソーシャルワーカーなど他の専門職の機能や役割が必要となります。

　ケースワーカーもケアマネジャー、医療ソーシャルワーカーと同じく、アセスメントした結果に基づいて援助計画を導き出し、それを実行（インタベーション）する際には、必要であれば関係機関や施設、あるいはそこに所属する専門職と連携・協働しながら、問題の解決にあたっていくことが求められているのです。

2 支援に活用されるその他の制度・施策

　前述したように、ケースワーカーは、生活保護制度の目的の1つである「自立の助長」との関連において、医療・介護・保健・労働・教育・司法等の専門機関、身体・知的障害福祉、児童福祉、母子福祉、高齢者

福祉など他の制度を所管する組織や施設、あるいはそこに所属する専門職員などと連携しながら、協働的社会福祉援助活動を行っています。また、生活保護の受給者が自立した生活の実現に向けて活用したほうがよいと思われる制度や施策があれば、積極的な活用を図ることをめざしています。

ここでは、ケアマネジャーや医療ソーシャルワーカーのみなさんが低所得者世帯への支援を行う際に、ぜひ知っておいてほしい制度として、社会福祉協議会が行う「生活福祉資金貸付制度」と、認知症のある高齢者の支援に有用である「日常生活自立支援事業（旧・地域福祉権利擁護事業）」、そして、新たに開始された生活困窮者自立支援法（平成25年法律第105号）に基づく事業について紹介します。

生活福祉資金貸付制度

生活福祉資金貸付制度は、低所得者や高齢者、障害者の生活を経済的に支えるとともに、その在宅福祉および社会参加の促進を図るためにつくられた貸付制度です。

本制度は、実施主体は都道府県社会福祉協議会が、また、実際の受付窓口は市区町村社会福祉協議会が行っています。低所得世帯、障害者世帯、高齢者世帯など、それぞれの世帯の状況にあわせて必要資金の貸付を行うほか、地域の民生委員が資金を借りる世帯の相談支援を行います。

表2-9 貸付の対象となる世帯

低所得世帯	資金の貸付にあわせて必要な支援を受けることにより、独立自活できると認められる世帯であって、必要な資金を他から借り受けることが困難な世帯（市町村民税非課税程度）。
障害者世帯	身体障害者手帳、療育手帳（自治体によって名称は異なる）、精神障害者保健福祉手帳の交付を受けた者、障害者総合支援法によるサービスを利用している等これと同程度と認められる者の属する世帯。
高齢者世帯	65歳以上の高齢者の属する世帯。

図2-7 借入れ申込みの流れ

〈福祉費、教育支援資金、不動産担保型生活資金〉

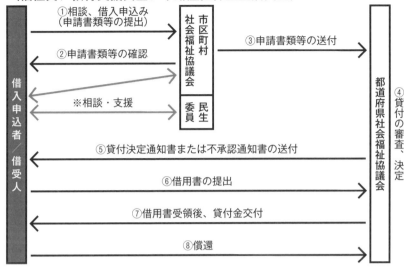

〈総合支援資金、緊急小口資金〉

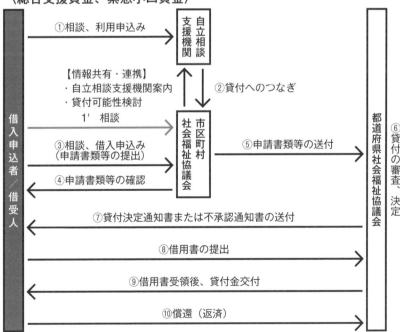

※臨時特例つなぎ資金についても同様の借入申込の流れになります。

表2-10 生活福祉資金の種類と貸付限度額（平成29年度）

資金の種類			貸付限度額
総合支援資金	生活支援費	・生活再建までの間に必要な生活費用	＜2人以上＞ 月20万円以内 ＜単身＞ 月15万円以内 ・貸付期間：原則3月（最長12月以内）
	住宅入居費	・敷金、礼金等住宅の賃貸契約を結ぶために必要な費用	40万円以内
	一時生活再建費	・生活を再建するために一時的に必要かつ日常生活費で賄うことが困難である費用 ・就職・転職を前提とした技能習得に要する経費 ・滞納している公共料金等の立て替え費用 ・債務整理をするために必要な経費　など	60万円以内
福祉資金	福祉費	・生業を営むために必要な経費 ・技能習得に必要な経費およびその期間中の生計を維持するために必要な経費 ・住宅の増改築、補修等および公営住宅の譲り受けに必要な経費 ・福祉用具等の購入に必要な経費 ・障害者用の自動車の購入に必要な経費 ・中国残留邦人等に係る国民年金保険料の追納に必要な経費 ・負傷または疾病の療養に必要な経費およびその療養期間中の生計を維持するために必要な経費 ・介護サービス、障害者サービス等を受けるのに必要な経費およびその期間中の生計を維持するために必要な経費 ・災害を受けたことにより臨時に必要となる経費 ・冠婚葬祭に必要な経費 ・住居の移転等、給排水設備等の設置に必要な経費 ・就職、技能習得等の支度に必要な経費 ・その他日常生活上一時的に必要な経費	580万円以内 ※資金の用途に応じて上限目安額を設定
	緊急小口資金	・緊急かつ一時的に生計の維持が困難となった場合に貸し付ける少額の費用	10万円以内
教育支援資金	教育支援費	・低所得世帯に属する者が高等学校、大学または高等専門学校に修学するために必要な経費	＜高校＞ 月3.5万円以内 ＜高専＞ 月6万円以内 ＜短大＞ 月6万円以内 ＜大学＞ 月6.5万円以内 ※特に必要と認める場合、限度額の1.5倍まで貸付可能

	就学支度費	・低所得世帯に属する者が高等学校、大学または高等専門学校への入学に際し必要な経費	50万円以内
不動産担保型生活資金	不動産担保型生活資金	・低所得の高齢者世帯に対し、一定の居住用不動産を担保として生活資金を貸し付ける資金	・土地の評価額の70％程度 ・月30万円以内 ・貸付期間：借受人の死亡時までの期間または貸付元利金が貸付限度額に達するまでの期間
	要保護世帯向け不動産担保型生活資金	・要保護の高齢者世帯に対し、一定の居住用不動産を担保として生活資金を貸し付ける資金	・土地および建物の評価額の70％程度（集合住宅の場合は50％） ・生活扶助額の1.5倍以内 ・貸付期間：借受人の死亡時までの期間または貸付元利金が貸付限度額に達するまでの期間

日常生活自立支援事業（旧・地域福祉権利擁護事業）

　各種福祉サービスを利用するためには、サービスを必要としている人が、自分自身で市町村等に申し込みをしたり、サービスの利用契約を結んだりしなければなりません。

　しかし、判断能力が不十分な人は、このような手続きや契約が一人では難しい場合があります。そうした人たちを支援するための制度が、「日常生活自立支援事業」（旧・地域福祉権利擁護事業）です。

　日常生活自立支援事業は、認知症高齢者や知的障害者、精神障害者などのうち、判断能力が不十分な人たちに対して、各種の福祉サービスの利用に関する相談・助言を行ったり、本人に代わって生活支援員が利用申請手続き・利用料の支払い等の援助を行ったりするものです。サービスの利用にあたっては、都道府県・指定都市社会福祉協議会との契約が必要になります（直接の窓口業務等は、市町村の社会福祉協議会等で実施）。

表2-11　日常生活自立支援事業のサービス内容

①福祉サービス利用援助
・福祉サービスについての情報提供、助言 ・福祉サービスを利用する際の手続き ・福祉サービスの利用料の支払い手続き ・福祉サービスについての苦情解決制度を利用する手続き　など
②日常的金銭管理サービス
・年金や福祉手当の受領に必要な手続き ・税金、社会保険料、公共料金、医療費、家賃などの支払い手続き ・日常生活に必要な預金の払戻し、預け入れ、解約の手続き　など
③書類等の預かりサービス
・金融機関の貸金庫における大切な書類の預かり ※預かりができる書類 　…年金証書・預貯金の通帳・権利証・契約書類・保険証書・実印・銀行印　など

図2-8 相談受付から援助開始までの流れ（東京都の場合）

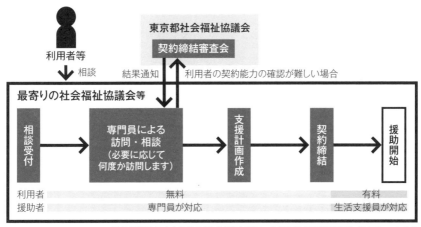

※社会福祉法人東京都社会福祉協議会発行　地域福祉権利擁護事業パンフレットより

生活困窮者自立支援法による事業

　2013（平成25）年12月、生活困窮者自立支援法（平成25年法律第105号。以下「法」という）が成立し、2015（平成27）年4月から具体的な支援が全国で実施されることとなりました。新しい生活支援体系における生活困窮者自立支援制度の諸施策は、生活保護の受給の有無を問わず、生活困窮者すべての社会的経済的な自立と生活向上をめざすものとし、次の4つを各施策の基本的視点としています。

①<u>自立と尊厳</u>　すべての生活困窮者の社会的経済的な自立を実現するための支援は、生活困窮者一人ひとりの尊厳と主体性を重んじたものでなければなりません。人々の内面からわき起こる意欲や幸福追求に向けた想いは、生活支援が依拠するべき最大のよりどころであり、こうした意欲や想いに寄り添ってこそ効果的な支援がすすめられます。

②<u>つながりの再構築</u>　生活困窮者が孤立化し自分に価値を見いだせないでいる限り、主体的な参加へ向かうことは難しいです。一人ひとりが社会とのつながりを強め、周囲から承認されているという実感を得ることができることは、自立に向けて踏み出すための条件です。新たな

生活支援体系は、地域社会の住民をはじめとするさまざまな人々と資源を束ね、孤立している人々が地域社会の一員として尊ばれ、多様なつながりを再生・創造できることをめざします。そのつながりこそ人々の主体的な参加を可能にし、その基盤となります。
③<u>子ども・若者の未来</u>　生活困窮の結果、子どもたちが深く傷つき、若者たちが自らの努力ではいかんともしがたい壁の前で人生をあきらめることがあってはなりません。それはこの国の未来を開く力を大きく損なうことになります。生活支援体系は、次世代が可能な限り公平な条件で人生のスタートを切ることができるように、その条件形成をめざします。
④<u>信頼による支え合い</u>　新しい生活支援の体系は、自立を支え合う仕組みであり、社会の協力で自助を可能にする制度です。したがって、ここでは、まず制度に対する国民の信頼が不可欠となります。制度に対する国民の信頼を強めるため、生活保護制度についての情報を広く提供し理解を広げつつ、信頼を損なうような制度運用の実態があればこれを是正していく必要があります。

そして、具体的支援は福祉事務所を設置する全国の自治体において、以下の7つの分野で展開されています。
①相談支援　生活困窮者への包括的・個別的支援の出発点となり、早期的・継続的支援を成り立たせる支援の中核である。【必須事業】
②就労支援　求職活動や就労に必要な能力形成への支援で、相談支援の拠点とハローワークや公共職業訓練機関、福祉事務所、社会福祉法人、NPOや社会貢献の観点から事業を実施する民間企業などのいわゆる社会的企業の連携等ですすめられる。【任意事業】
③多様な就労機会の提供　直ちに一般就労が困難な生活困窮者に対して、社会的企業などが中心となって多様な就労機会を提供する。【任意事業】
④住居確保支援　住居の確保は自立を支える活動の基盤でもある。家賃

の補助や賃貸住宅の情報提供、住宅の提供などの支援をする。【必須事業】

⑤家計相談支援　生活再建のための貸付などを行うと同時に、生活困窮者の生活力を高めるためにも、家計管理などについて支援をする。【任意事業】

⑥健康支援　生活の基礎となる健康の保持・増進、疾病の予防および早期発見等について支援を行う。【任意事業】

⑦子ども・若者の支援　生活困窮家庭の子どもたちや若者の未来を開くための、学習支援や進学支援などを行う。【任意事業】

第3章

生活保護の介護扶助と
医療扶助の実際

① 介護扶助の仕組み

　2000（平成12）年に介護保険制度が創設され、介護保険サービスによる介護ニーズの充足が、国民の権利として保障されることになりました。それに伴って、介護保険の自己負担分が支払えない人についても、生活保護制度により介護需要が充足されるように生活保護法が改正されました。そして、このことを具体的に実現するために、「介護扶助」が生活保護における扶助の１つとして新たに創設されました（生活保護法第15条の２）。

　生活保護制度における介護扶助は、介護保険の給付対象となるサービスの範囲を最低限度の生活として保障することから、福祉事務所ではケアプラン（居宅サービス計画）の新規作成・更新時には、要保護者や居宅介護支援事業者と十分な連携をとりながら業務を進めていくことが必要となります。例えばケアプラン対象者が一人暮らしで要介護度が高いケースでは、ケースワーカーが日常的な生活支援に多くかかわっていることがあります。このような場合には、ケアマネジャーがケアプラン作成時に、ケースワーカーから直接介護にかかわる情報や意見を聴取したり、ときには利用者との面接を両者が一緒に行うことが必要となります。

　ここでは、ケアマネジャーが福祉事務所等と連携をとる際に、事前に知っておきたい介護扶助の仕組みについて紹介します。

図3-1 介護サービス利用にかかわる相互連携

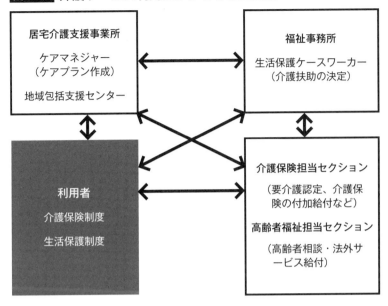

介護扶助の実施体制

●**査察指導員（スーパーバイザー）**

管内の介護扶助の現状把握と問題点の分析、地区担当員（生活保護ケースワーカー）の指導とその効果の確認などを行っている。

●**地区担当員（ケースワーカー）**

介護保険料納付指導、被保険者以外（みなし2号＊）の人にかかる要介護状態等の審査判定の市町村への委託業務、要保護者に対する指定介護機関の紹介や指定介護機関の選択相談、介護扶助の要否判定・程度の決定、介護施設訪問による被保護者への生活指導、居宅介護支援計画・介護予防支援計画に基づくサービス提供実績の確認、介護給付費明細書の内容検討、指定介護機関・介護保険者等との連絡調整などを行っている。

＊第4章Q15（114頁）を参照

●嘱託医

みなし2号の要保護者の特定疾病にかかわる判断（調査、指導、検診）、長期入院患者の介護扶助移行の適否についての判断、介護扶助に関する医学的判断などを行っている。

●介護扶助事務担当者

生活保護法の介護券の発行事務、被保険者である被保護者および救護施設入所者に関する市町村への連絡事務、みなし2号の人の国民健康保険団体連合会（国保連）への連絡事務などを行っている。

介護扶助の対象者

市町村の区域内に住所を有する65歳以上の人（介護保険の第1号被保険者）が生活保護を受給している場合には、利用した介護サービス費のうちの9割が介護保険から給付され、自己負担分の1割が生活保護の介護扶助により給付されます。

また、40歳以上65歳未満の医療保険加入者で介護保険の第2号被保険者の場合についても、自己負担分の1割が介護扶助から給付されます。

図3-2 介護保険制度における介護扶助の範囲

●介護保険被保険者（第1号・第2号被保険者）の場合

居宅介護サービス	
介護保険9割	介護扶助1割

施設介護サービス		食費　居住費
介護保険9割	介護扶助1割	介護扶助10割

●介護保険被保険者以外（みなし2号）の場合

居宅介護サービス
介護扶助10割

施設介護サービス	食費　居住費
介護扶助10割	介護扶助10割

なお、生活保護受給者のほとんどが、現実には医療保険未加入であり、このような人の場合は介護保険の被保険者対象とはならないため（みなし2号）、介護費用の全額が介護扶助により負担されることとなります。いずれの場合においても、介護扶助支給の程度は、介護保険法に定める居宅介護サービス費（または介護予防サービス費）区分支給限度基準額の範囲内でなくてはなりません。

介護扶助の申請から決定まで

　介護扶助による居宅介護サービス支援は、居宅サービス計画（ケアプラン）に基づき行うものに限られています（生活保護法第15条の2第1項第1号）。

　このため、生活保護を受給している人、あるいはこれから申請する人が、新たに介護扶助の申請をする際には、ケアプランの写しを介護扶助申請書とともに福祉事務所に提出する必要があります。また、すでに介護扶助を受給中であっても、ケアプランの変更があった場合には、保護変更申請にあわせてその写しを福祉事務所に提出する必要があります。

　福祉事務所では、そのケアプランについて、以下の内容を確認します。

① 　ケアプランに記載されている居宅介護サービス事業者が、生活保護法による指定介護機関であること
② 　訪問・通所区分支給限度基準額が、要介護状態区分の区分支給限度基準額と同額であり、区分支給限度基準額を超えているサービスがないこと
③ 　ケアプランの内容が、被保護者の生活実態に見合っており、本人の希望が十分反映されているものであること

　介護保険の被保険者（第1号・第2号被保険者）と被保険者以外（みなし2号）の人の介護扶助の手続きと、決定後に給付される居宅介護サービスの種類については、図3-3を参照してください。

図3-3 介護扶助の申請から決定まで

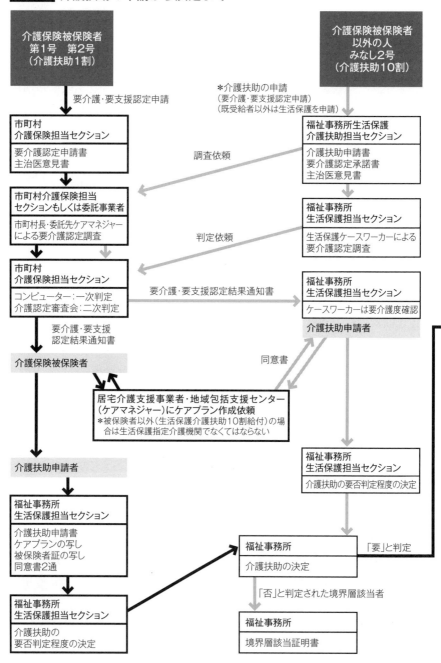

契約により受けられる介護サービス

要介護1〜5認定者（介護給付）	居宅サービス	訪問介護（ホームヘルプ）　　　訪問入浴介護 訪問看護　　　　　　　　　　　訪問リハビリテーション 居宅療養管理指導　　　　　　　通所介護（デイサービス） 通所リハビリテーション（デイケア）　短期入所生活介護（ショートステイ） 短期入所療養介護　　　　　　　特定施設入居者生活介護 福祉用具貸与 特定福祉用具販売（特定福祉用具購入費用の支給） 居宅介護住宅改修費（住宅改修費の支給） 居宅介護支援
	地域密着型サービス	看護小規模多機能型居宅介護　　夜間対応型訪問介護 定期巡回・随時対応型訪問介護看護　認知症対応型通所介護 小規模多機能型居宅介護 認知症対応型共同生活介護（グループホーム） 地域密着型通所介護 地域密着型特定施設入居者生活介護 地域密着型介護老人福祉施設入所者生活介護
	施設サービス	介護老人福祉施設（特別養護老人ホーム） 介護老人保健施設（老人保健施設） 介護療養型医療施設（療養病床） 介護医療院（平成30年4月より）
要支援1・2認定者（予防給付）	居宅サービス	介護予防訪問入浴介護　　　　　介護予防訪問看護 介護予防訪問リハビリテーション　介護予防居宅療養管理指導 介護予防通所リハビリテーション（デイケア） 介護予防短期入所生活介護（ショートステイ） 介護予防短期入所療養介護 介護予防特定施設入居者生活介護 介護予防福祉用具貸与 特定介護予防福祉用具販売（特定介護予防福祉用具購入費用の支給） 介護予防住宅改修費（介護予防住宅改修費の支給）
	地域密着型介護予防サービス	介護予防認知症対応型通所介護 介護予防小規模多機能型居宅介護 介護予防認知症対応型共同生活介護（グループホーム）
非該当	市町村独自の介護予防・日常生活支援総合事業（地域支援事業）	要介護認定の結果、「自立」と判定された場合や、要介護等認定を申請していない人のうち、生活機能が低下している65歳以上の人を対象に、身体状況を確認したうえで給付される市町村独自の介護予防サービス事業（地域包括支援センターで行われる事業） 要支援1・2の介護予防訪問介護・通所介護は平成29年4月から移行 例）介護予防ケアマネジメント、総合相談支援業務、権利擁護業務、在宅医療・介護連携推進事業、包括的・継続的ケアマネジメント支援業務、認知症総合支援事業

介護扶助の要否判定

　福祉事務所では、介護扶助の申請を受理した後に、申請者から提示された要介護認定の結果とケアプラン（原則として6か月分）に基づき、介護サービス利用料として申請者が支払う1か月分の費用（自己負担額）の概算を算出します。1か月の利用料の自己負担額が、高額介護サービス費の第1段階の限度額を超える場合には、その自己負担限度額に生活扶助、住宅扶助、医療扶助などを加え算出された1か月の生活保護基準額と収入を対比して、生活保護が受けられるかどうか要否判定を行います。

　例えば、図3-4の①のように、申請者の収入が1か月の生活保護基準額を超えない場合は、保護が「要」となり保護開始決定が行われます。一方、②のように収入が基準額を超える場合には、保護は「否」となり保護申請却下、あるいは保護受給中であったときには、保護廃止決定が行われます。なお、保護が「否」と判定された「境界層該当者」については、第4章Q49（141頁）を参照してください。

図3-4 介護施設入所（多床室利用）者における介護扶助の要否判定

基準生活費の例　47,380円（平成29年度）

介護施設入所者基本生活費 9,690円	介護施設入所者加算 9,690円	施設介護費利用者負担額 15,000円	食事標準負担額 9,000円	介護保険料 4,000円

①収入

国民年金　38,000円　　　　　　　　　　　　　　　 基準生活費＞収入　＝保護「要」

②収入

国民年金　48,000円　　　　　　　　　　　　　　　 基準生活費＜収入　＝保護「否」

図3-5 高額介護サービス費

〈高額介護サービス費の対象となるもの〉
利用料（自己負担）として支払った介護サービス費用の1割の合計が対象です。
施設サービスの居住費（滞在費）・食費や日常生活費は含まれません。福祉用具の購入費、住宅の改修費も含まれません。
＊ 1割負担者のみの世帯の場合、年間446,400円が上限。

介護券の発行について

　福祉用具購入、住宅改修および移送の場合を除いて、福祉事務所が介護扶助の決定をした場合には、介護サービスを利用する生活保護指定介護機関あてに、介護の種類等を記載した「生活保護法介護券（介護券）」を送付します。なお、指定居宅介護支援事業者に要する費用は、全額介護保険から給付されるため、介護券は発行されません。

　介護券は1か月を単位として発行されます。ただし、月の途中からの開始や中止の場合は、有効期間が記載された介護券が前月末に発行されます。

　また、介護券は介護サービスの種類ごとに発行されますが、複数のサービスを同一事業者が提供している場合には、1枚だけ発行される場合もあります。さらに、同一事業者に複数の介護扶助利用者がある場合は、連名形式の介護券が送付されることもあります。

表3-1 生活保護費から支給される介護サービスにかかわる費用

①臨時的生活費として支給される介護サービスにかかわる費用

介護サービスの種類	給付内容	扶助費目	関連Q&A（第4章）
訪問介護、訪問入浴介護、訪問リハビリテーション、訪問看護、福祉用具貸与時の訪問に要する事業者の交通費	利用者の居住地が、事業者の運営規定による「通常の事業の実施地域内」であれば、事業者の交通費は介護報酬に含まれる。地域外の生活保護受給者が近隣に適当な事業者がないなど、やむを得ない事情により利用した場合には、その事業者に対して交通費が支給される。	介護扶助 移送費	Q44
居宅療養管理指導時の訪問に要する事業者の交通費	介護保険では利用者負担であることから、経費として必要と認められればその事業者に対して支給される。	介護扶助 移送費	Q44
通所介護、通所リハビリテーション、短期入所生活介護、短期入所療養介護の給付を受ける際の利用者の送迎費	「通常の事業の実施地域内」であるが事業者の交通費を介護報酬に含まず直接利用者に請求する場合や、地域外の生活保護受給者が近隣に適当な事業者がないなど、やむを得ない事情により利用した場合の送迎に要した費用は支給される。	介護扶助 移送費	Q44
訪問介護の際の外出介護、通院介護に必要となるヘルパーの交通費	利用者との外出時に必要とされるヘルパーの交通費は、付添者にかかわる生活・医療扶助の移送費の範囲であれば支給される。通院時に必要なヘルパーの交通費は、全額支給される。	生活扶助 移送費 医療扶助 移送費	Q44 Q55
介護施設入退所の際の利用者の移送に必要な交通費	利用者の居宅から入所する事業所の所在地までの移送に要する交通費は、実費全額が支給される。	介護扶助 移送費	Q44
居宅介護支援事業者による居宅サービス計画（ケアプラン）作成料	介護保険未加入者（みなし2号）については、生活保護費で全額支給される。	介護扶助 介護費	Q15
通所介護・通所リハビリテーションの利用者のおむつ代	通所介護・通所リハビリテーション利用者のおむつ代は、基準の範囲内で生活保護費から全額支給される。	生活扶助 被服費	Q29
短期入所生活・療養介護における利用者のおむつ代	利用期間中のおむつ代は、介護保険9割、介護扶助1割により支給される。介護保険未加入者（みなし2号）については、生活保護費で全額支給される。その他の期間については、ショートステイの利用が月の1／2を超える場合は、ショートステイ利用日数分を減算したうえで支給される。ショートステイ利用が月の1／2を超えない場合には、基準額の範囲内で必要分が全額支給される。	介護扶助 介護費 （おむつ代） 生活扶助 被服費 （おむつ代）	Q29
月の途中で生活保護開始となった、福祉用具貸与利用者の利用料	福祉用具貸与を利用している人が月の途中で保護開始となった場合は、保護決定日以降の利用料は介護保険9割、介護扶助1割により支給される。介護保険未加入者（みなし2号）については、生活保護費で全額支給される。	介護扶助 介護費	Q31

介護サービスの種類	給付内容	扶助費目	関連Q&A（第4章）
認知症対応型共同生活介護利用者の生活費	認知症対応型共同生活介護利用の際の介護サービス費は、介護保険9割、介護扶助1割により支給される。 食費などの生活費と居住にかかわる費用（管理費・保証金）は、基準内で生活保護費（生活扶助・住宅扶助）から支給される。	介護扶助 介護費 生活扶助 〈居宅基準〉 住宅扶助	Q38
特定施設入居者生活介護（ケアハウス、有料老人ホーム等）利用者の生活費	特定施設入居者生活介護利用の際の介護サービス費は、介護保険9割、介護扶助1割により支給される。 食費などの生活費と居住にかかわる費用（管理費・保証金）は、基準内で生活保護費（生活扶助・住宅扶助）から支給される。	介護扶助 介護費 生活扶助 〈居宅基準〉 住宅扶助	Q38
特定福祉用具購入に必要な費用	介護保険加入者については、特定福祉用具購入費用は必要経費全額が金銭給付され、その後、介護保険から償還払い（9割）された金銭を福祉事務所に返還する。 介護保険未加入者（みなし2号）については、生活保護費で全額支給されることから返還は生じない。 なお、支給にあたっては、障害者総合支援法による補装具費の支給・日常生活用具の給付が可能な場合には支給されない。	介護扶助 介護費	Q31
住宅改修に必要な費用	介護保険加入者については、住宅改修費用は必要経費全額が金銭給付され、その後、介護保険から償還払い（9割）された金銭を福祉事務所に返還する。 介護保険未加入者（みなし2号）については、生活保護費で全額支給されることから返還は生じない。	介護扶助 介護費	Q31

②臨時的生活費として支給されない介護サービスにかかわる費用

介護サービスの種類	給付内容	扶助費目	関連Q&A（第4章）
通所介護、通所リハビリテーション、短期入所生活介護、短期入所療養介護の給付を受ける際の食費	利用者に提供される食事については、介護保険の給付対象となっていないため、利用者本人が支払うことになるが、これについては経常的に支給される生活費（生活扶助費）から本人が支払う。	生活扶助 〈居宅基準〉	Q29
住宅改修に必要な費用が支給限度額を超えた場合	介護保険の住宅改修費が20万円を超えた場合には、不足分の費用について住宅修繕を目的とする生活保護の住宅扶助費（住宅維持費）から支給することはできない。	住宅扶助 （住宅維持費）	Q31 Q32

なお、医療扶助による医療券は、原則、生活保護受給者本人に渡されますが、介護券は事業者あてに直接送付されます。

介護扶助の決定から審査・支払いの流れ

介護券を受けとった生活保護法の指定介護機関（事業者）は、介護給付費明細書などを作成し、介護保険による介護給付費と同様に国民健康保険団体連合会（国保連）あてに請求をします。

なお、サービス利用者が介護保険の被保険者であり生活保護受給者（第1号・第2号被保険者）である場合の情報は、介護保険者から直接国保連に提供されます。また、介護保険の被保険者でない生活保護受給者（みなし2号）の場合は、要介護認定から介護扶助の決定までがすべて福祉事務所で行われるため、福祉事務所の生活保護セクションから、被保護者異動連絡票により国保連に対して情報が提供されます。

生活保護における介護保険料の取り扱い

生活保護制度における「補足性の原理」に基づき、介護保険制度が介護扶助に優先することとなります。

介護保険に加入し介護保険制度を利用するためには、介護保険料を納めなくてはなりませんが、生活保護受給中は介護保険料は最低生活費として認定され、生活保護費に含む形で支給されることになります。

普通徴収と特別徴収による介護保険料については、生活保護では図3－8のように取り扱われます。

図3-6 生活保護法介護券（記載例）

生活保護法介護券（● 年 4月分）

> 生活保護の場合は、Hが付番される

公費負担者番号	1 2 3 4 2 1 2 1	有効期間	1日から 30日まで
受給者番号	1 2 4 2 4 5 6	単独・併用別	単独 ・ 併用
保険者番号	2 1 2 3 5 6	被保険者番号	H 1 3 1 2 4 2 4 5 6

(フリガナ) 氏　名	アイトウエイイチ 相藤 栄一	生年月日 1. 明・2. 大・③昭 3年 5月 1日生	性別 ①男 2. 女
要介護状態等区分	要支援 1・2・経過的要介護・要介護 1・2・③・4・5		
認定有効期間	平成● 年 4月 1日から	平成● 年 4月 30日まで	
居住地	東京都△△区○○町 2-4-5		
指定居宅介護支援事業者・地域包括支援センター名	事業所番号 1 3 2 4 3 1 △△△△ 南部地域支援センター		
指定介護機関名	事業所番号 1 3 2 0 1 4 ××× △△ケアセンター		

居宅介護 介護予防	☑訪問介護 □訪問入浴介護 □福祉用具貸与 □訪問看護 □訪問リハ □通所介護 □通所リハ □居宅療養管理指導 □短期入所生活介護 □短期入所療養介護 □認知症対応型共同生活介護 □特定施設入居者生活介護 □夜間対応型訪問介護 □認知症対応型通所介護	居宅介護 介護予防	☑小規模多機能型居宅介護 □地域密着型特定施設入居者生活介護
		施設介護	□介護老人福祉施設 □介護老人保健施設 □介護療養型医療施設 □地域密着型介護老人福祉施設
		居宅介護支援 介護予防支援	☑居宅介護支援 □介護予防支援
		本人支払額	6500円

地区担当員名 熊沢	取扱担当者名 森田	福祉事務所長　印

備考	介護保険	㊂あり　　なし
	結核予防法第34条	あり　　なし
	その他	

備考　この用紙は、A列4番白色紙黒色刷りとすること。

図3-7 現物給付と償還払い

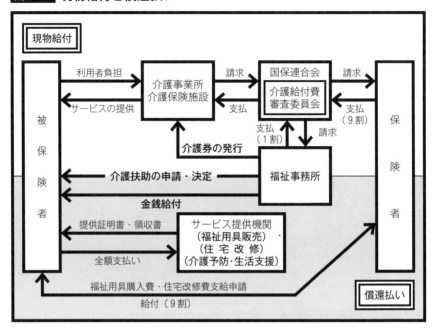

図3-8 介護保険料の取り扱い

第1号被保険者		第2号被保険者
特別徴収	普通徴収	医療保険から徴収
年金受給額が年額18万円以上ある者	年金を受給していないか、年金受給額が年額18万円未満の者	医療保険の加入者
年金を収入認定する際に、必要経費として介護保険料相当額を控除する。年間保険料の実額を各月に分割して収入認定時に控除する。	生活扶助の「介護保険料加算」で介護保険料相当額を職権で計上する。支給された保険料は代理納付方式により納付する。	就労収入を認定する際に、必要経費として介護保険料相当額を控除する。

医療扶助の仕組み

　医療ソーシャルワーカーのみなさんは、よりよい医療サービスの提供に向け、生活保護のケースワーカーと連携、協働しながら、仕事を進める機会も多くあるかと思います。また、ケアマネジャーのみなさんも、生活保護受給中で、通院や入院など、医療を受ける必要性のある人とかかわる機会も大変多くなっているのではないでしょうか。いずれにしても、連携、協働による利用者にとってのよりよい支援を実現していくためには、専門職のみなさんそれぞれが、生活保護制度にかかわる知識や情報を十分に備えておくことが必要となります。

医療扶助の申請から決定まで

　生活保護における「医療扶助」は、要保護者が疾病などにより医科や歯科の治療が必要となった場合に、福祉事務所に対して保護の申請をすることにより決定がなされます。生活保護法では「補足性の原理」により、他の法律や制度が優先されますが、医療保険のうち国民健康保険（国保）の制度に限っては、生活保護法の医療扶助が優先されます（したがって、生活保護が開始された時点で、国保の資格は喪失することとなります）。

図3-9　国民健康保険該当者が生活保護を受けた場合

外来（医療・薬剤）
　　　　全額医療扶助により対応

入院（医療・薬剤・食事療養費など）
　　　　全額医療扶助により対応

＊入院の場合、期間が1か月を超える場合は、生活扶助費第1類・第2類に代わって入院患者日用品費が支給される（平成29年度基準：1か月22,680円以内）。

図3-10 他の医療保険該当者が生活保護を受けた場合

外来（医療・薬剤）
| 7割　他の医療保険制度 | 3割　医療扶助 |

入院（医療・薬剤）　　　　　　　　　　　　　　　　（食事療養費）
| 7割　他の医療保険制度 | 3割　医療扶助 | 医療扶助 |

＊入院の場合、期間が1か月を超える場合は、生活扶助費第1類・第2類に代わって入院患者日用品費が支給される（平成29年度基準：1か月22,680円以内）。

医療扶助の実施体制

福祉事務所における医療扶助の実施にかかわる職員は次のとおりです。ケアマネジャーの実際の仕事における連携先は、職員それぞれの役割に伴って異なることになります。

●**査察指導員（スーパーバイザー）**

医療扶助の現状を常に把握し、査察指導計画を策定する。ケースワーカー、嘱託医などとの組織的連携に努めている。

●**地区担当員（ケースワーカー）**

担当する被保護世帯に関する医療扶助の決定・実施にあたるとともに、査察指導員、嘱託医などとの組織的連携に努めている。入院外および入院の患者を訪問して、通院指導や生活指導を行う。

●**嘱託医**

査察指導員、ケースワーカーなどからの要請に基づき、医療扶助の決定・実施に伴う専門的判断や必要な助言・指導を行う。なお、医療扶助以外の扶助において、医学的判断を必要とする場合も同様に嘱託医が判断を行う。

●**医療事務担当者**

医療扶助の円滑な実施を図るために、必要な事務を処理する。

医療扶助の範囲

医療扶助は次の範囲において支給されます。

① 診察

② 薬剤または治療材料
③ 医学的処置、手術およびその他の治療、施術
④ 居宅における療養上の管理、その療養に伴う世話、その他の看護
⑤ 病院または診療所への入院、その療養に伴う世話、その他の看護
⑥ 移送（入院、転院、通院に伴う交通費など）

医療扶助の方法

　医科や歯科の医師から、通院・入院による診察・治療を受ける場合には、まず福祉事務所に生活保護の申請を行います。申請を受けた福祉事務所は、受診する医療機関に対して医療の要否について意見を求めたうえで、医療扶助の決定をします（図3－11②～⑥）。そして利用者は、福祉事務所から給付された「生活保護法医療券（医療券）」を持参して、診察・治療を受けることになります（図3－11⑦～⑨）。

　医療扶助は、原則としてこのような医療券方式による現物給付であり、生活保護法の指定医療機関に委託して行われます。また、薬の調剤費、はり・きゅう・あんまなどの施術費、眼鏡などの治療材料費、通院に必要な移送費（交通費）についても同様に給付されます。

　なお、受診先は原則として、都道府県の指定を受けた指定医療機関に限られています。また医療券は、社会保険における被保険者証に相当しますが、受診する医療機関が変わるたびに福祉事務所に対して保護変更申請を行い、医療扶助の認定を受ける必要があります。他の社会保険と比較した場合に、受診に際してはこのような制約があることから、そのぶん利用者への負担も大きくなっています。

図3-11 医療扶助に関する一連の流れ

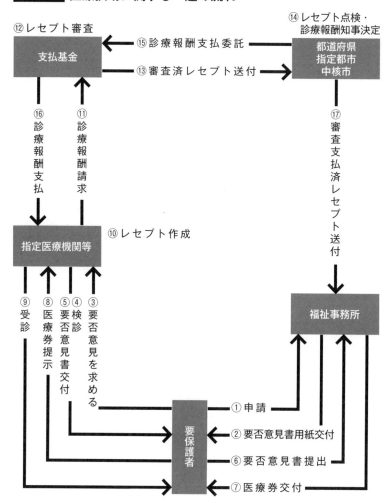

図3-12 医療給付要否意見書（記載例）

医療要否意見書（表面）

※ ①2 医科 歯科（単併）　※ ①2 新規 継続
※発行番号 13-214
※受理年月日　年　月　日
※地区名

(氏名) 相藤経子（80歳）に係る29年4月15日からの医療の要否について意見を求めます。

平成29年4月1日

高木医院　院（所）長　殿

△△△福祉事務所長　㊞

傷病名 又は部位	(1) 肝硬変 (2) 高血圧 (3)	初診年月日	(1) 29年4月15日 (2)　年　月　日 (3)　年　月　日	転帰	治ゆ　死亡　中止 年　月　日

主要症状及び今後の診療見込	（今後の診療見込に関連する臨床検査結果等を記入して下さい。） 嘔吐、目眩、腹水顕著であり、今後3か月間の通院が必要

※担当員

診療見込期間	入院外	3か月間	概算医療費	(1)今回診療日以降1か月間 100,000円 （入院料　円）	(2)第2か月目以降6か月目まで 60,000円 （入院料　円）	福祉事務所への連絡事項へ
	入院	期間	か月　日間			
		(予定)年月日	年　月　日			

上記のとおり ①入院外 2.入院） 医療を ①要する 2.要しない）と認めます。

平成29年4月15日

福祉事務所長　殿

指定医療機関　所在地及び名称　東京都〇〇区〇〇町15-10-20
　　　　　　　院　（所）　長　高木医院
　　　　　　　担　当　医　師　院長　高木巨

※嘱託医の意見		要次回要否意見書提出 　　　　　月以降分

------------(切--取--線)----㊞------------

※発行年月日	年　月　日	診察料・検査料請求書
※受理年月日	年　月　日	平成　年　月　日

福祉事務所長　殿

　　　　　　　　　指定医療機関長　所在地及び名称
　　　　　　　　　　　　　　　　　または開設者氏名　㊞

下記のとおり請求します。

この券による診察年月日	年　月　日	受診者氏名　　　（　歳）
請求書	診察料　初　再　　点 　〃　　　　　　〃 　〃　　　　　　〃	（検査名）
	合　計　　　　点 　　　　　　　円	※社保等負担額　　円　差引額　　円　㊞

※発行取扱者

図3-13 生活保護法医療券（記載例）

生活保護法医療券・調剤券（29年4月分）

公費負担者番号	1 3 4 2 3 4 9 2	有効期間	1日から 31日まで
受給者番号	2 3 4 1 6 5 4	単独・併用別	㊲単独・併用
氏　名	相藤経子　（男・㊛）明・大・㊼・平　12年 2月 19日生			
居住地	東京都〇〇区〇〇町4-2-5			
指定医療機関名	高木医院			
傷病名	(1)肝硬変 (2)高血圧 (3)	診療別	入院　歯科 入院外　調剤 訪問看護
^	^	本人支払額	円

地区担当員名　　　　　取扱担当者名

　　熊沢　　　　　　　　森田　　　　福祉事務所長　印

備考	社会保険	あり（健・共）	㊲なし
^	結核予防法第34条	あり	㊲なし
^	その他		
^			

備考　1　この用紙は、A列4番白色紙黒色刷りとすること。
　　　2　「指定医療機関名」欄に指定訪問看護事業者の名称を記入する場合には、訪問看護ステーションの名称も併せて記入すること。

第 4 章

介護・医療の現場で役立つ
生活保護Q&A

第4章中、「生活保護手帳」（実施要領）局・課というのは、局長通知・課長通知のことをいいます。
局：「生活保護法による保護の実施要領について」（昭和38年4月1日　社発第246号　厚生省社会局長通知）
課：「生活保護法による保護の実施要領の取扱いについて」（昭和38年4月1日　社保第34号　厚生省社会局保護課長通知）

※『生活保護手帳　2017年度版』中央法規出版、2017年

1 生活保護との連携にあたって知っておきたいこと

Q1 どのような状況にあると、生活保護は受けられるのですか？

A 生活保護制度は生活に困窮する人に対し、その困窮の程度に応じて必要な保護を行い、健康で文化的な最低限度の生活を保障するとともに、自立を支援することを目的としています。この制度を利用するためには、世帯員全員が利用できる資産（現金、預貯金、株式、貴金属、家、土地など）、働く能力、その他あらゆるもの（年金、手当、保険など）を活用したり、扶養義務者からの扶養を優先しても、毎月の世帯全体の収入額が国の定める生活保護基準額に不足する場合は生活保護を利用することができます。

＊基準額については「第2章」（58頁）を参照

Q2 生活保護は世帯全員で申請しなくてはなりませんか？

A 原則として、生活保護の申請は原則として世帯全員でしなくてはなりません。生活保護では、同じ住居に住み、生計を一緒にしている人は同一世帯とみなされます。また、「出かせぎをしている」「子が義務教育のため他の土地に寄宿している」など同じ住居に住んでいなくても、同一世帯とみなされる場合があります。

しかし、世帯を単位として保護を実施するよりも個人を単位として保護を行ったほうがその世帯の自立にとってよい場合は、個人を世帯から分離して保護を行うこともあり、そのことを「世帯分離」といいます。

具体的には、6か月以上入院、入所している人で、所属する世帯に生活保持義務関係者がいない場合や、夫婦のうち一方が1年以上入院、入所の期間が続いていて、今後も入院（所）が続くような場合など、以下の表のような状況が認められる場合に世帯分離の検討が行われます。

＊生活保持義務関係　夫婦　親と未成熟の子

▶▶▶ 「生活保護手帳」（実施要領）局第1世帯の認定

世帯分離が認められる主な場合

区分	収入のない者を分離し、分離した者を保護するもの	収入のある者を分離し、残りの世帯員を保護するもの
居住を同一にする場合	① 自己に対し生活保持義務関係にある者がいない世帯に転入した要保護者 ② 常時の介護または監視を要する寝たきり高齢者、重度の心身障害者	① 稼働能力があるにもかかわらず収入を得るための努力をしない等保護の要件を欠く者 ② 被保護世帯に当該世帯員の日常生活の世話を目的として転入した保護を要しない者 ③ 結婚、転職等のため1年以内に転出する者であって、同一世帯員のいずれにも生活保持義務関係にない収入のある者 ④ 大学等に修学する者
居住を異にする場合	① 出身世帯に自己に対し生活保持義務関係にある者がいない者であって、6か月以上入院を要する者 ② 出身世帯に配偶者が属している者であって、1年以上入院しており、かつ、引き続き長期にわたり入院を要する精神疾患に係る患者または中枢神経系機能の全廃もしくはこれに近い状態にある者 ③ 出身世帯に自己に対し生活保持義務関係にある者が属している者であって、すでに入院期間が3年を超え、かつ、引き続き長期入院を要する者 ④ 世帯分離された者で、感染症予防法第37条の2等の公費負担を受けて引き続き入院またはその更生を目的とする施設に入所している者 ⑤ 世帯分離された者で退院または退所後6か月以内に再入院し、長期にわたり入院を要する者 ⑥ 救護施設等の入所者または出身世帯員	① 6か月以上入院している患者の出身世帯員であって、当該患者と生活保持義務関係にない収入のある者

出典：厚生省社会局長通知「生活保護法による保護の実施要領について」（昭和38年4月1日社発第246号）第1「世帯の認定」の2より作成

Q3 家屋・土地を所有していても、生活保護を受けることはできますか？

A 家屋・土地を所有していても、資力としてすぐに活用（現金化）できない場合はそれまでの間、生活保護を受給することもできます。そして、所有する家屋・土地が、保護を受ける人自身の居住するためのものであり、処分価値が利用価値より著しく大きくない場合は、その家屋・土地を保有しながら生活保護を受け続けることもできます。ただし、処分価値が利用価値に比べて大きい場合は保有が認められずに、保護の開始とともに売却処分など活用することが求められる場合もあります。

また、65歳以上の高齢者世帯で生活福祉資金の1つである「要保護世帯向け不動産担保型生活資金」（リバースモーゲージ）の利用が可能な場合は、原則としてリバースモーゲージが生活保護に優先されます。

▶▶▶「生活保護手帳」（実施要領）局第3資産の活用－1土地、第3資産の活用－2家屋

〈要保護世帯向け不動産担保型生活資金〉
・借入申込者および配偶者が原則として65歳以上であること
・借入申込者が単独で概ね500万円以上の資産価値の居住用不動産を所有していること
・貸付額　土地および建物の評価額70％程度（集合住宅の場合は50％）
・毎月の貸付額　生活扶助額の1.5倍以内
・貸付期間　借受人の死亡時までの期間、または貸付元利金が貸付限度額に達するまで

＊生活福祉資金については「第2章」（70頁）を参照

Q4 生活保護を受けると、生活用品の保有はどの程度認められるのですか？

A 家具什器や衣類寝具などは、利用の必要性がある場合には世帯の人数や世帯構成に応じて保有が認められます。趣味装飾品の保有は処分価値が大きくない場合は認められます。その他の物品は、地域での普及率が70％を超える場合で一般世帯との均衡を逸しない範囲で保有が認められます。ただし、貴金属、債券、株券などは最低生活に必要なものではないことから、原則として保有は認められません。

▶▶▶「生活保護手帳」(実施要領) 局第3資産の活用－4生活用品　課問 (第3の6)

Q5 生活保護を受けると、自動車の保有は認められませんか？

A 原則として認められませんが、事業用に使う場合で収入が自動車維持の経費より著しく上回っている場合は認められる場合があります。また、公共交通機関の利用が困難な地域に住居や勤務先があり、通勤に使用する場合は認められる場合もあります。なお、保護の開始時においては、概ね6か月以内に就労し保護をやめる見込みがある場合には認められることがあります。

生活用品としては、障害のある人が通勤、通院、通学 (所) する場合は認めてもよいとされています。

いずれにしても、福祉事務所との十分な相談のなかで、保有することが世帯の自立に役立っていると判断される場合は認められることがあります。

▶▶▶「生活保護手帳」(実施要領) 局第3資産の活用－4生活用品　課問 (第3の6、第3の9－2)

Q6 生活保護を受けると、保護費は 1 か月どのくらい支給されますか？

生活するうえで必要な生活費が以下の8つの扶助から生活保護基準の範囲内で支給されます。生活保護費は毎月給付される経常的生活費と一時的に支給される臨時的生活費があり、さらに一般基準と特別基準（一般基準では対応できない場合）が設定されています。また、生活保護の基準額は居住する地域ごとに級地が定められており、級地によって支払われる金額も異なります。

・生活扶助　食費・被服費・光熱費等、日常生活に必要な費用
　＊入院中や介護施設入所中の生活扶助費は在宅とは別の基準により支給されます。
・住宅扶助　アパート等の家賃、住宅修繕など住宅に必要な費用
・教育扶助　学用品、教材、給食など義務教育に必要な費用
・医療扶助　医療サービスの提供を受ける際に必要な費用
・介護扶助　介護サービスの提供を受ける際に必要な費用
・出産扶助　出産の際に必要な費用
・生業扶助　技能習得など就労に必要な費用
・葬祭扶助　火葬・埋葬に必要な費用

実際に支給される生活保護費は、その世帯の最低生活費から収入を差し引いた差額が支給されます。
＊具体的な金額は「第2章」（58頁）を参照

Q7 生活保護受給中に預貯金をすることは認められませんか？

すでに支給されている生活保護費をやり繰りして蓄えられた預貯金については、「その使用目的が生活保護の趣旨目的に反し

ないと認められる場合」には一定額の保有が認められます。ただし、目的もなく多額の預金をしている場合は利用し得る資産として認定され、一時的に保護の停・廃止になることもあります。まずは、最低生活に欠ける部分を補うよう指導・助言がなされ、それでも預金が一定額を超える場合は、一時的に保護が停・廃止されることもあります。東京都では、一定額を、世帯の生活保護費6か月分相当としていますが、個々の世帯のそれぞれの生活状況によって、福祉事務所が保有を認める範囲も異なってきます。いずれにしても、そうした場合は早めに福祉事務所に相談してみてください。

▶▶ 「生活保護手帳」（実施要領）課問（第3の18）

Q8 生活保護受給中に引っ越しが認められるのは、どのような場合ですか？

福祉事務所が以下のような状況があると判断した場合は、引っ越しが可能となります。

1　入院患者が退院する際に住むための住居がない場合
2　家賃が規定の上限額を超えているなど、福祉事務所の指導により低額のところに転居する場合

＊家賃の上限額は住む地域や特別の事情がある場合などにより異なる
　詳しくは「第2章」（59頁）を参照

3　国や自治体から土地収用法、都市計画法などにより立ち退きを強制され、転居を必要とする場合
4　仕事を退職したことにより社宅等から転居する場合
5　社会福祉施設等から退所する場合に、帰る住居がない場合（施設に入所する目的を達成した場合に限る）
6　宿所提供施設、無料低額宿泊所等を一時的な住む場所として利用している場合で、居宅生活ができると認められる場合
7　現在の居住地が就労先から遠距離にあり、通勤が著しく困難な場合

で、転居することが、世帯の収入の増加、働いている人の健康の維持等、その世帯の自立助長に特に効果的に役立つと認められる場合

8 火災等の災害により、現住居が消滅し、または、居住できない状態になったと認められる場合

9 老朽または破損により居住することができない状態になったと認められる場合

10 世帯人員に対してその住居が著しく狭い、または劣悪で居住困難と認められる場合

11 病気療養上著しく環境条件が悪いと認められる場合、または身体障害者がいる場合であって設備構造が居住に適さないと認められる場合

12 住宅が確保できないため、親戚、知人宅等に一時的に寄宿していた者が転居する場合

13 家主が相当の理由をもって立ち退きを要求し、または借家契約の更新の拒絶もしくは解約の申し入れを行ったことにより、やむを得ず転居する場合

14 離婚（事実婚解消も含む）により、新たに住居を必要とする場合

15 高齢者、身体障害者等が扶養義務者の日常的介護を受けるため、扶養義務者の近隣に居住する場合
   または、双方が生活保護受給者であって、扶養義務者が日常的介護のために高齢者、身体障害者等の住居の近隣に転居する場合

16 生活保護受給者の状態等を考慮のうえ、適切な法定施設（グループホームや有料老人ホーム等、社会福祉各法に規定されている施設をいう）に入居する場合であって、やむを得ない場合

17 犯罪等の被害、または同一世帯に属する者から暴力を受け、生命および身体の安全の確保を図る必要がある場合

なお、現在保護を受けている福祉事務所の所管区域外へ引っ越す場合は、引っ越し先を管轄する福祉事務所との事前の調整が必要になります。また、住所を変更する場合には、介護保険法上の手続きも必要となりま

す。

▶▶▶ 「生活保護手帳」（実施要領）局第7最低生活費の認定－4住宅費　課問（第7の30）

Q9 引っ越しに必要な費用は、生活保護から支給されますか？

A 厚生労働大臣により認められる住宅扶助（家賃、地代）の上限は、1・2級地では13,000円、3級地では8,000円ですが、別途、特別基準額が都道府県、指定都市、中核市ごとに設定されています。例えば、東京では知事の承認する額は、1級地－1に居住する世帯では、単身世帯の場合は53,700円、2人世帯64,000円、3～5人世帯69,800円、6人世帯75,000円、7人以上世帯83,800円の特別基準が設定されています。そして、生活保護受給者がそれぞれの自治体が設定する基準内の家賃の住宅に転居する場合は、住宅の契約に必要な権利金、敷金、礼金、不動産手数料、火災保険料、保証料が、特別基準額の3倍（東京は4倍）を限度に転宅資金として支給されます。

なお、家財道具などの運搬に必要な転居費用は、福祉事務所が事前に承認した金額の範囲で生活扶助費の一時扶助より支給されます。

▶▶▶ 「生活保護手帳」（実施要領）局第7最低生活費の認定－4住宅費（1）家賃、間代、地代等　課問（第7の30）
　　　　局第7最低生活費の認定－2一般生活費（7）移送費　ア（サ）

Q10 判断能力が不十分になった人への支援は、生活保護ではどのように行われますか？

A 生活保護を受けながら、在宅で生活されている人、または入院中などで在宅復帰の見込みのある人で、高齢者、認知症や知的・精神障害があって、判断能力が十分でないが契約の意思があり、支援内容が理解できる人については、社会福祉協議会の日常生活自立支援事業によるサービスの利用が検討されます。支援は、住居のある市・区の社会福祉協議会の職員である「専門員」と、都道府県の社会福祉協議

会で研修を受け登録をしている「生活支援員」により行われます。契約が結ばれると、「福祉サービスの利用援助、福祉サービスの利用・苦情に関する相談・助言、情報提供や利用料の支払いなど」に関する支援が行われます。また「金銭管理に関する相談、助言や生活費の払戻し、公共料金、家賃、医療費などの支払いのための日常的な金銭管理と金融機関への同行、または代行」も行われます。さらに、支援にあたって必要な「通帳・印鑑（金融機関届出印）の預かりや郵便物の内容確認と行政などへの必要な手続の支援サービス」も行われます。なお、契約を結ぶ能力や契約内容に疑義が生じた場合には、弁護士や精神科医などの法律・医療・福祉の各分野の専門家による専門的な見地からの審査が行われます。相談は無料ですが、契約後の支援は有料です。支援１時間あたり1,000円程度、通帳・印鑑の預かり１か月250円、生活支援員の交通費は別途必要です。（生活保護受給中は、原則として利用料金はかかりません。）

＊事業の詳細については「第２章」(69頁) を参照

Q11 判断能力が不十分で、社会福祉協議会の日常生活自立支援事業の契約が困難な人の支援は、生活保護ではどのように行われるのでしょうか？

A 判断能力が十分でなく契約の意思確認もできない状態にある人については、福祉事務所の生活保護の担当と高齢・障害の担当が連携して、成年後見制度の利用が検討されます。成年後見制度とは、判断力が不十分な人を保護するため、一定の場合に本人の行為能力を制限し、本人のために法律行為を行う者、本人による法律行為を助ける者を選任する制度です。本人の判断力が低下してしまってから、家庭裁判所が後見人を任命する「法定後見制度」と、本人に判断能力があるうちに将来のことを考えて、信頼できる人と後見契約を結ぶ「任意後見制度」の２つがあります。

「法定後見制度」は、すでに判断能力が不十分な人が利用するもので、

法律によって支援者を決める法定代理人という位置づけになります。後見人には、本人の判断能力によって、後見（判断能力が欠けているのが通常の状態の人）・保佐（判断能力が著しく不十分な人）・補助（判断能力が不十分な人）の３種類があります。法定後見制度の利用要件である判断能力の有無や程度については、家庭裁判所が判断します。後見人は財産に関する法律行為についての代理権と財産管理権を有し、日常生活に関する行為以外の行為を代理します。保佐人は民法第13条第１項に定める行為（借金、訴訟行為、相続の承認・放棄、新築・改築など）、補助人は本人の同意のもとで民法第13条第１項に定める行為の一部を代理します。保佐・補助人は申し立ての範囲内で、家庭裁判所が定める特定の法律行為を代理します。

　また、「任意後見制度」とは、将来において認知症や精神障害などで自分の判断能力が低下したときに、自分の持っている不動産の管理や預貯金の出し入れなどの自分の日常生活にかかわる重要な物事について、自分にかわって財産管理などをしてくれる任意後見人をあらかじめ選任しておくための制度です。契約は公正証書で行います。

　公正証書によらなければならない理由としては、法律的に深い知識と経験をもっている公証人が関与することで、本人の真意に基づいてこの契約が結ばれたものかを確認し、契約の内容が法律に適った有効なものであることを確保することを制度的に保証するためです。任意後見契約は、本人の意思のみらず、意思能力を確認する必要があるので、公証人が直接本人と面接することになっています。任意後見制度は、あらかじめ自分が選んだ任意後見人（代理人）に、自分の生活、療養看護、財産管理等に関する事務についても代理権を与える契約です。そうすることで、本人の判断能力が低下した後に、任意後見人が、任意後見契約で決めた事務について、家庭裁判所が選任する「任意後見監督人」の監督のもと、本人を代理して契約をすることにより、本人の意思にしたがった適切な保護・支援が可能となります。これは委任契約ですので、誰を任意後見人として選ぶか、その任意後見人にどのような仕事をしてもらう

かは、本人と任意後見人になる人との話し合いにより、自由に決めることができます。また任意後見契約は、本人の生活状態や健康状態によって、「即効型」「将来型」「移行型」の3つの形態があり、本人の考えによって選択します。

　成年後見制度は財産のある人だけの制度ではありません。財産がなくても、福祉サービスを利用するためなどで、制度の利用が必要な場合が生じます。しかし、申し立てや、それ以降にも費用がかかり、財産がないと利用が困難になってしまいます。家庭裁判所では、一定の基準を定めていますが、月額管理費用は原則20,000円です（ただし、本人の財産の範囲や収入によって増減します）。具体的金額については、後見人の業務内容も踏まえて、本人や後見人ではなく裁判所が決定します。

　なお、生活保護制度には後見人に対して報酬を支払うための扶助がないため、介護扶助とあわせて、成年後見制度に関しての扶助も創設すべきではないかという指摘が現場からあり、今後検討されるべき重要な課題となっています。また、生活保護受給者等であって、市町村長申し立て等により後見人が選任された場合は、介護保険か障害者総合支援制度を利用する場合には「成年後見利用支援事業」の利用により、後見人報酬の助成ができます。この場合には、その助成制度を活用して後見人報酬を支払うことができます（一応の目安として、在宅では月額28,000円・施設では月額18,000円という額が示されています）。

　また、申し立ての際に必要となる費用については、法テラスが実施している申し立て費用の制度立替として民事法律扶助制度があります。

Q12 生活保護を受給する人が亡くなった場合の葬祭は、誰が行うのですか？

A　亡くなった人に扶養義務者がいる場合は、福祉事務所が連絡しその人が葬祭を行うことになります。もし、扶養義務者が保護受給中である、もしくは葬祭があげられないほどの困窮状態にある場合

は、扶養義務者の居住地を管轄する福祉事務所に葬祭扶助の申請をして葬祭を執行することになります。扶養義務者が誰もいない場合は、知人などの関係者や民生委員が個人的に行うこともあります。その際は葬祭執行者に対して、火葬・埋葬に必要な最低限の費用が生活保護法の葬祭扶助により支払われます。また、葬祭執行者が誰もいない場合は、「墓地、埋葬等に関する法律」により、死亡地の市町村が行います。

▶▶▶「生活保護手帳」(実施要領)局第7最低生活費の認定－9葬祭費　課問(第7の16)

Q13 生活保護を受給する人が亡くなり、財産が残っていた場合はどうなりますか？

A 亡くなった人に遺留金がある場合は、葬祭費用にあてられます。それでも財産が残った場合は、相続人に対して引き継がれます。なお、相続人がいないもしくは不明な場合には、福祉事務所から家庭裁判所に対して相続財産管理人の選任が依頼されます。選任を受けた相続財産管理人は相続財産の整理を行い、相続人が見つかった場合は債務処理などの清算後に残った財産を引き継ぎ、いなかった場合は国庫に帰属させることになります。

ただし、相続財産管理人の選任手続きの経費は30万円から40万円程度必要になることから、亡くなった人の遺留金がそれ以下の場合は選任手続きはなされません。

▶▶▶「生活保護手帳」(実施要領)局第7最低生活費の認定－9葬祭費　課問(第13の1)

Q14 生活保護を受給されていない人が生活困窮状態にあります。福祉事務所以外で相談や支援をしてもらえるところがどこかありますか？

A 貸付により問題が解決できそうな場合には、社会福祉協議会が相談・申請窓口になっている「生活福祉資金貸付制度」があります。低所得世帯や障害者世帯、高齢者世帯に無利子または低利で福祉

資金・教育支援資金等の他、緊急小口資金の貸付が行われています。

　また、失業等により生計の維持が困難となった世帯に対し、生活再建までの支援と生活費等の貸付を行う総合支援資金があります。さらに、高齢者世帯を対象とした不動産担保型生活資金の貸付があり、これは土地・建物を所有し、将来にわたりその住居に住みつづけることを希望する高齢者に、その土地、建物を担保として生活資金の貸付を行う制度です。

　なお、生活保護世帯の場合は、要保護世帯向け不動産担保型生活資金があります。

＊生活福祉資金の詳細については「第2章」(70頁)を参照

　また、経済的に困窮し、最低限度の生活を維持することができなくなるおそれのある人に対して個々の状況に応じた支援を行い、自立の促進を図るための制度として、「生活困窮者自立支援制度」が2015(平成27)年から開始されました。福祉事務所の生活保護の窓口とは別に各自治体ごとに相談から支援までを行う相談窓口が設置され、以下の自立支援事業が行われています。

〈必須事業〉
・自立相談支援事業　就労その他の自立に関する相談支援、自立支援計画の作成
・住居確保給付金の支給　離職により住居を失った人に対し、家賃相当額を有期で給付

〈任意事業〉　※任意事業の実施については、自治体によって異なります。
・就労準備支援事業　就労に必要な訓練を、日常生活自立、社会生活自立段階から有期で実施
・一時生活支援事業　住居のない人に対して、一定期間宿泊場所や衣食の提供
・家計相談支援事業　家計に関する相談、家計管理に関する指導、貸付のあっせん
・子どもの学習支援事業　子どもに対して、学習支援や保護者への進学助言等

2 生活保護と介護サービス

Q15 生活保護における「みなし2号」とは、どのような状態を指すのですか？

A 介護保険法施行令（平成10年政令第412号）第2条各号の特定疾病により要介護または要支援の状態にある40歳以上65歳未満の者で、医療保険加入者は介護保険法の第2号被保険者となります。しかし、40歳以上65歳未満の国民健康保険（国保）の加入者が生活保護を受給することになった場合は国保の資格が保護開始と同時に喪失となりますので、介護保険の第2号被保険者となることができなくなります。通常、第2号被保険者が特定疾病により介護保険サービスを利用した場合、その利用料は要介護度とサービス利用時間により算定されますが、生活保護受給者で国保加入者だった者は介護保険の被保険者となれないので、第2号被保険者とみなして利用料の算定をしていくことになります。40歳以上65歳未満の生活保護受給者でこうした状態にある場合を、福祉事務所では「みなし2号」＊と呼んでいます。

「みなし2号」に該当する者は、介護保険の被保険者ではなくても、特定疾病により要介護または要支援状態にある場合は、介護保険の被保険者と同様に要介護状態等の審査判定を受け、要介護状態等に応じ介護サービスを介護扶助10割で受けることができます。そして、居宅介護支援事業者やサービス提供事業者は、福祉事務所から送付される介護券に記載されている情報に基づき、国民健康保険団体連合会に介護報酬を請求することになります。

＊みなし2号については「第3章」（84頁の図3-3）を参照
＊Q23（120頁の図）を参照

Q16 生活保護を受けている人の介護扶助の申請と要介護認定の申請は、どのように行われますか？

A 生活保護を受けている人が新たに介護扶助を受ける場合には、保護（介護扶助）の申請書の提出とともに市（および区）の介護保険の保険者に対して、要介護認定を受けるための申請書を提出します。申請書の提出後、介護保険法に基づき役所などの調査員が基本チェックリストによる認定調査を行い、介護認定審査会により要介護度が決定されます。その後、ケアマネジャーの作成したケアプランに基づき提供されたサービス費用に対し、介護保険から9割と介護扶助から1割の給付がされます。なお、被保険者でない人（みなし2号）の要介護認定は、福祉事務所が介護認定審査会に委託して行います。そして、提供されたサービス費用に対しては、介護扶助から10割の給付がされます。

なお、介護扶助の申請に必要な書類は、以下のとおりとなります。

① ケアプラン
② 介護保険の被保険者証の写し
③ 同意書（居宅介護支援事業者からケアプランの写しを取るためのもの）

＊介護扶助の申請の詳細については「第3章」（83頁）を参照

Q17 生活保護受給者の要介護認定に必要な主治医の意見書は、どのように取ればよいですか？

A 福祉事務所からは、保険者の指定医療機関の診断を受けるよう助言がなされます。主治医がいる場合は、それまでの診療等により得られた情報で意見書が作成されるため、新たな診療費は生じません。主治医がいない場合は、基本的な診察・検査を受けて意見書が作成されます。その際必要になる費用は、介護保険の保険者から支払われま

す。また、生活保護を受ける人が40〜64歳で被保険者でない場合（みなし2号）は、主治医の意見書記載にかかわる費用は生活保護の医療扶助により全額が支払われます。

Q18 生活保護の介護扶助受給中の人のケアプラン作成や、ケアマネジメントで注意すべき点はありますか？

A　介護保険制度では、ケアマネジャーがケアプラン（居宅サービス計画）を作成し、サービス提供事業者が個別サービス計画に基づいて介護サービスを提供します。ケアプランは基本的には介護扶助受給者と居宅介護支援事業者との間で作成されます。福祉事務所からは、介護扶助のための介護の方針、介護の報酬（厚生省社会・援護局保護課長通知「指定居宅介護支援事業者等への情報提供及び居宅介護支援計画等の写しの交付を求める際の手続きについて」（平成12年3月13日社援保第10号））に基づき、居宅介護支援事業所に対して適切な計画を作成するよう理解と協力が求められます。

　介護サービスは基本的には介護保険の被保険者であれば、生活保護を受給していない人と同じ介護保険サービスを受けることができます。サービス利用者は、原則利用料の1割を自己負担しますが、生活保護を受給している人は、生活保護法の「介護扶助」から自己負担分が支給されます。また、生活保護受給者が介護保険の被保険者でない場合、いわゆる「みなし2号」の場合は、利用料の10割が「介護扶助」から支給されます。

　なお、利用する居宅介護支援や居宅介護サービス事業者は、生活保護法の指定（指定介護機関）を受けている必要があります。指定を受けていない事業者は、介護扶助受給者に対してサービスを提供することができません。したがって、ケアマネジャーが事業者にサービス提供を依頼する際は、生活保護法の指定介護機関であるかどうかの確認が必要になります。

（介護保険法第41条、第203条の2ほか）

給付の種類		給付対象者	指定権者
介護給付	居宅サービス	要介護者	都道府県 指定都市 中核市
予防給付	介護予防サービス	要支援者	
介護給付	地域密着型サービス	要介護者	区市町村
予防給付	地域密着型介護予防サービス	要支援者	

〈ケアマネジメントの際の留意点〉
・サービスを依頼する事業所が、生活保護法の指定介護機関かどうかを確認。
・区分支給限度基準額を超えていないか確認。
・作成したケアプランは、ケースワーカーに提出。
・福祉事務所から送られてくる介護券を確認。

第1号被保険者がサービスを利用すると…

※本人に支払う能力があると認められた場合には、その能力に応じて支払う。

Q19 生活保護を受けている人のケアプランの変更には、ケースワーカーの了解が必要ですか?

A ケアプランの変更は介護サービスの変更ですから、当然介護サービス利用料の変更も伴います。サービス提供事業者は、福祉事務所の発行する介護券の記載に基づいて介護報酬を請求しますから、ケアプラン変更に合わせて、福祉事務所ではサービス提供事業者へ送付する介護券の記載内容を変更することになります。そうしたことから、ケアマネジャーはケアプラン変更の際は、福祉事務所に対し、必ず「情報提供」しなくてはなりません。

Q20 生活保護を受けている人は、自己負担をすれば区分支給限度基準額を超える介護サービス利用はできますか?

A 原則として、限度額を超えての利用はできません。生活保護を受けている人が居宅サービスを利用する場合は、区分支給限度基準額の範囲内で利用することが求められています（介護扶助運営要領）。また、居宅介護サービスは居宅介護支援計画に、介護予防サービスは介護予防支援計画に基づいたものに限り、介護扶助による給付の対象となります。

Q21 福祉事務所から介護事業者に発行される「介護券」とは何ですか?

A 生活保護を受給している人から介護扶助申請を受理した福祉事務所は、要介護認定の結果やケアプランに基づき、介護扶助の給付を決定します。給付が決定されると、福祉事務所から指定介護機関あてに、生活保護法に基づく「介護券」が送付されます。介護券は、福祉事務所から介護扶助の給付を受けるために発行されるものであり、生

活保護を受給する人の介護にかかわる情報として、要介護状態区分や認定有効期間、指定居宅介護支援事業者の名称などが記載されています。また、本人支払い額が生じた場合の支払い額にかかわる情報などについても記載されています。

　生活保護受給者には、介護保険の被保険者である場合と被保険者でない場合（みなし2号）がありますが、介護扶助によるサービス提供には、どちらも介護券が必要です。サービス提供事業者は、介護券に記載されている情報に基づき介護給付費明細書を作成しサービス料を請求します。

＊介護券については「第3章」（87頁）を参照

Q22 介護券に表記されている「単独」・「併用」の意味は何ですか？

A 　「単独」と表記されるのは、生活保護を受給していて、特定疾病により要介護状態にある40歳以上65歳未満の医療保険未加入の人が介護サービスを利用する場合です。介護保険の被保険者にはならないので「みなし2号」と呼ばれ、介護保険の給付が受けられませんので、介護保険制度のサービスは、すべて生活保護法の介護扶助単独（10割給付）により行われることから、介護券に「単独」という表記がされます。

　一方「併用」は、生活保護を受給している65歳以上の要介護状態にある（第1号被保険者）、もしくは40歳以上65歳未満の医療保険加入者（第2号被保険者）で、特定疾病により要介護状態にある人が介護サービスを利用する場合です。いずれも介護保険の被保険者となり、サービス利用料の9割は介護保険から、1割は介護扶助から支給されることから介護券に「併用」という表記がされます。

＊介護券については「第3章」（87頁）を参照

Q23 介護サービス利用の際の本人負担分（1割負担）は、福祉事務所からどのように支払われますか？

A 応益負担の原則により、介護保険サービスを利用する場合は、低所得者負担軽減の対象者を除きサービス利用料の1割もしくは2割（または3割）を利用者が負担します。生活保護を受給している場合、本人負担分（1割負担）は生活保護による「介護扶助」から支給されますので、サービス提供事業者は福祉事務所に対して請求することになります。

訪問介護、訪問看護、通所リハビリテーションなどのサービス提供事業者は、福祉事務所から生活保護法に基づく「介護券」が送付されますので、その介護券の記載にしたがって、国民健康保険団体連合会（国保連）に介護給付費請求書を提出します。つまり、介護券を送付された事業者は、保険給付の対象となる「9割」とともに、本来は利用者が負担する「1割」を国保連に請求することになります。

生活保護受給者の介護サービス利用の流れ

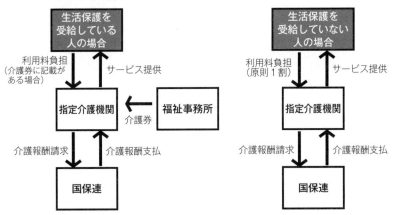

＊支払いの流れについては「第3章」（92頁の図3－7）を参照

Q24 生活保護を受けている第 1 号被保険者の介護保険料は、どのように納めるのですか？

A 第1号被保険者の介護保険料は、被保険者の収入に応じ当該市町村が設定している保険料率に応じて決定されます。保険料の納入は、特別徴収（給付される年金から天引き）と普通徴収（納付書により市町村に直接納める）による方法とがあります。

　生活保護受給者で第1号被保険者の場合、次のいずれかの方法になります。①老齢基礎年金等の年金を一定額以上受給している人は特別徴収（天引き）になります。その場合、保険料は年金収入から控除されます。②それ以外の人は普通徴収になるため、生活扶助の介護保険料加算として支給されたものを福祉事務所が利用者本人から許可を得て市町村に直接納付（代理納付）します。

Q25 生活保護を受けている「みなし 2 号」の人が65歳になると、介護保険はどのようになりますか？

A 65歳以上の場合は、医療保険加入の有無にかかわらず介護保険の被保険者の対象者になることから、生活保護を受給する人は65歳に達した時点で、第1号被保険者になります。

　要介護状態等の審査判定を受け、要介護状態等に応じ介護サービスを受けることができ、その利用料の9割は介護保険から、残りの1割が介護扶助から給付されることになります。

Q26 生活保護が廃止になっても、介護保険サービスの利用は継続できますか？

A 生活保護が廃止された場合、本人の年齢が65歳以上であれば第1号被保険者となり、サービスを継続することができます。ま

た40歳以上65歳未満であれば第2号被保険者の対象になりますが、この場合は、①「特定疾病」により介護が必要であること、②国民健康保険等の医療保険に加入していることが、介護保険による介護サービスを継続する条件となります。その後の介護保険での対応は、通常のケアマネジメントと同じです。

保険料の納入方法は収入によって異なります、65歳以上の場合、年金収入があれば年金から特別徴収され、その他の場合は納付書による普通徴収となります。

＊廃止後の保険料の取り扱いについては「第3章」（92頁の図3－8）を参照

Q27 介護保険加入者で生活保護受給中の障害者が、介護給付サービスを利用する際の障害者施策と介護保険サービスにおける取り扱いは、どのようになりますか？

A 障害者施策は、障害者の日常生活及び社会生活を総合的に支援するための法律（障害者総合支援法）に基づく自立支援給付等を中心に実施されています。給付対象者は、身体障害者（18歳以上の場合は身体障害者手帳を取得している者）、知的障害者、精神障害者、難病患者（障害者の日常生活及び社会生活を総合的に支援するための法律施行令第1条に基づき厚生労働大臣が定める特殊の疾病）となります。なお、知的障害者の療育手帳、精神障害者の精神障害者保健福祉手帳の取得は、必ずしも自立支援給付の要件とはなっていません。

障害者総合支援法に基づくサービスには、自立支援給付のほか市町村や都道府県ごとに実施する地域生活支援事業があります。自立支援給付には、介護給付と訓練等給付の障害福祉サービス、各種の相談支援を行う計画相談支援等、自立支援医療、補装具があります。自立支援給付のうち介護保険のサービスに相当するサービスは、介護保険の給付が優先されます。したがって、生活保護受給中の介護保険の被保険者が要介護認定または要支援認定された場合は、介護保険のサービスを利用するこ

とになり、介護保険サービスに障害者サービスに相当するサービスがない、あるいは市町村の認める支給量が介護保険サービスでは確保できない場合などに限って、障害者サービスの利用が可能となります。

　介護保険サービスの適用を受けた場合は、利用者負担分の1割は介護扶助により支給されます。ただし、訪問看護、医療機関の行う訪問リハビリテーション、通所リハビリテーションにおいて、自立支援医療（更生医療）の給付が受けられる場合は、自立支援医療が介護扶助に優先されます。また、不足分について自立支援給付による給付を受けた場合の利用者負担（計画相談支援および地域相談支援を除く）は、負担能力に応じた負担（応能負担）となっていることから、生活保護を受給する世帯についての利用者負担はありません。

Q28 生活保護を受けている障害者が「みなし2号」であった場合は、介護保険サービスの利用はどのようになりますか？

A　障害がある人で医療保険に加入していない40歳以上65歳未満の「みなし2号」の人が特定疾病により介護が必要な状態にあり居宅介護サービス（訪問介護、訪問入浴介護など）を利用する場合は、生活保護法の「補足性の原理」により、まずは障害者施策による給付サービスが優先されます。したがって、障害者総合支援法などの障害者施策で不足する分についてのみ、支給限度基準額を限度に、介護保険サービスの利用が可能になります。

　障害者施策による自立支援給付を利用した場合の利用者負担はありませんが、介護保険サービスを利用した場合は、利用料の全額（10割）が介護扶助により支給されます。

　65歳に年齢が到達した場合は、介護保険サービスの利用が優先されることから速やかに要介護認定の申請を行うよう、生活保護受給者に対してケースワーカーより指導がなされます。

障害福祉サービス（介護給付）のサービス利用手続き

①支給の申請	利用したいサービスを決め市町村にサービス利用の申請を行う。
②サービス等利用計画案の提出依頼	市町村は、障害福祉サービス等の申請を行う障害者または障害児の保護者に対して、サービス等利用計画案の提出依頼を行う。
③障害支援区分認定調査・概況調査	市町村の認定調査員による心身の状況に関する訪問調査を行う。
医師意見書の聴取	疾病、身体の障害内容、精神の状況、介護に関する所見など、申請者の心身の状況について医学的知見から意見を求める。
④一次判定（コンピューター判定）	コンピューターによる障害支援区分の一次判定を行う。
⑤二次判定（市町村審査会による判定）	障害者等の保健、福祉の専門家で構成された市町村審査会で、一次判定結果、概況調査、医師意見書、障害支援区分認定調査の特記事項をもとに区分１から区分６の６段階の障害支援区分を判定する。
⑥障害支援区分の認定	市町村審査会での判定をもとに障害支援区分の認定を行い、申請者に通知する。
⑦サービス利用意向の聴取	申請者のサービス利用意向を聴取する。
⑧サービス等利用計画案の提出	サービス等利用計画案の提出を求められた障害者等は、指定特定相談支援事業者が作成したサービス等利用計画案を提出する。
⑨支給決定案の作成	障害支援区分やサービス利用意向聴取の結果、サービス等利用計画案等を踏まえ、支給決定案を作成する。
⑩審査会の意見聴取	支給決定にあたり市町村が必要と認める場合は、市町村審査会に意見を求めることができる。
⑪支給決定受給者証の交付	勘案事項調査や審査会の意見等を踏まえ、支給決定を行い、「障害福祉サービス受給者証」を交付する。
⑫サービス等利用計画の作成	支給決定が行われた後に、指定特定相談支援事業者はサービス等利用計画を作成する。
⑬サービス利用開始	申請者がサービス提供事業者を選択し、利用に関する契約を行う。

障害者福祉サービス等の体系（自立支援給付と地域生活支援事業）

	サービスの種類	サービスの内容と利用者像の概要	対象者
介護給付	居宅介護（ホームヘルプ）	自宅で、入浴・排泄・食事の介護等を行う。	区分1～6（通院等介助は区分2以上等に該当する人）
	重度訪問介護	重度の肢体不自由や行動障害を有する知的障害または精神障害のいずれかで、常に介護を必要とする人に、自宅で、入浴・排泄・食事の介護・外出時における移動支援などを総合的に行う。	区分4～6（二肢以上の麻痺等または行動障害の要件あり）
	同行援護	視覚障害により移動に著しい困難を有する人に、移動に必要な情報提供、移動の援護等の外出支援を行う。	視力、視野の障害、夜盲等がある場合
	行動援護	自己判断能力が制限されている人が行動するときに、危険を回避するために必要な支援、外出支援を行う。	区分3～6
	重度障害者等包括支援	介護の必要性がとても高い人に、居宅介護等複数のサービスを包括的に行う。	区分6
	短期入所（ショートステイ）	自宅で介護する人が病気の場合等に、短期間、夜間も含め施設で、入浴、排泄、食事の介護等を行う。	区分1～6
	療養介護	医療と常時介護を必要とする人に、医療機関で機能訓練、療養上の管理、看護、介護および日常生活上の世話を行う。	区分5～6
	生活介護	常に介護を必要とする人に、昼間、入浴・排泄・食事の介護を行うとともに、創作的活動または生産活動の機会を提供する。	区分3～6、50歳以上は区分2以上
	障害者支援施設での夜間ケア等（施設入所支援）	施設に入所する人に、夜間や休日、入浴・排泄・食事の介護等を行う。	区分4～6、50歳以上は区分3以上
訓練等給付	自立訓練（機能訓練・生活訓練）	自立した日常生活または社会生活ができるよう、一定期間、身体機能または生活能力の向上のために必要な訓練を行う。	
	就労移行支援	一般企業等への就労を希望する人に、一定期間、就労に必要な知識および能力の向上のために必要な訓練を行う。	
	就労継続支援（A型・B型）	一般企業等での就労が困難な人に、働く場を提供するとともに、知識および能力の向上のために必要な訓練を行う。	
	共同生活援助（グループホーム）	夜間や休日、共同生活を行う住居で、相談や日常生活上の援助を行う。	
	自立生活援助	一人暮らしを希望する障害者等に、定期的な巡回訪問や随時の対応を行う。	
	就労定着支援	一般就労へ移行した障害者等に、就労に伴う生活面の課題に対応できるよう、事業所・家族等との連絡調整等の支援を行う。	
地域相談支援給付	地域移行支援	障害者支援施設等に入所している人または精神科病院に入院している精神障害者につき、住居の確保その他の地域における生活に移行するための活動に関する相談その他の支援を行う。	
	地域定着支援	居宅において単身等で生活する障害者につき、常時の連絡体制を確保し、障害の特性に起因して生じた緊急の事態等に相談その他必要な支援を行う。	
計画相談支援給付		介護給付、訓練等給付、地域相談支援給付の申請に係る障害者につき、サービス等利用計画の作成等の支援を行う。	
補装具費		身体障害者（児）の身体機能を補完・代替する用具の購入、修理に要した費用を支給する（車いす、歩行器、歩行補助つえ等）。	更生相談所の要否判定等により市町村が支給決定
地域生活支援事業	日常生活用具給付等事業	重度障害者に日常生活の便宜を図る用具の給付、貸与や住宅改修費の支給を行う（特殊寝台、特殊マット、特殊尿器、体位変換器、入浴補助用具、便器等）。	市町村が定める要件等に該当する場合に対象となる。
	移動支援事業	屋外での移動が困難な障害者等の外出支援を行う。	
	地域活動支援センター機能強化事業	創作的活動または生産活動の機会の提供、社会との交流等を行う施設	
	訪問入浴サービス	身体障害者の居宅を訪問し、浴槽を提供して行われる入浴の介護	
	福祉ホーム	住居を必要としている人に、低額な料金で、居室等を提供するとともに、日常生活に必要な支援を行う。	

3 生活保護と在宅ケアサービス

Q29 生活保護を受けている人は、在宅ケアサービスの利用に制限はありますか？

A 生活保護を受給される人も介護保険の被保険者であれば、区分支給限度基準額の範囲内で介護保険サービスを利用することができますが、全額自費のサービスを利用することは原則としてできません。したがって、ケアマネジャーがケアプランを作成する際は、区分支給限度基準額以内で作成する必要があります。しかし実際には、緊急性が高い場合や区分支給限度基準額以内のサービスだけでは自立した生活が維持できないといった場合もあるかと思います。その際には、通所介護や通所リハビリテーション、あるいは短期入所生活介護などを利用している場合の食費やおむつ代は生活保護費から支給されるなど、介護保険制度以外の福祉サービスや、地域におけるさまざまなインフォーマルサービスの利用についても福祉事務所のケースワーカーと検討していくことが必要となります。

＊在宅ケアサービスの利用については「第3章」(85頁の図3－3)を参照

Q30 生活保護を受けている人から「訪問介護事業者、居宅介護支援事業者を変更したい」という相談を受けましたが、変更は可能でしょうか？

A 変更することは可能です。ただし、新たに介護サービスの提供を受けようとする事業者は、介護保険法の指定を受けているとともに生活保護法による指定を受けている介護事業者でなくてはなりません（生活保護法第54条の2）。事業者の変更により、福祉事務所は新

たに生活保護法の介護券を発行するなどの手続きを行う必要が出てきますので、ケアマネジャーは変更の際には、ケースワーカーと連携・調整することが必要です。

Q31 生活保護を受けている人が住宅改修や福祉用具の購入を希望していますが、どのような手続きが必要になりますか？

A 介護保険による給付を受けての住宅改修は償還払いが原則なので、利用者は改修を行った業者にかかった費用の全額をいったん支払い、その後保険者より償還（払い戻し）を受けることになります。

生活保護の場合は、受給者からの申請や工事見積書などの必要書類の提出を受けて福祉事務所が給付を決定すると、介護扶助から原則金銭給付の方法で全額が支給されますので、改修を行った業者にかかった費用を支払います。現金給付が適当でない場合は、受給者からの支払委任を受けて直接事業者に支払われる場合もあります。業者へ支払いを済ませて領収書を受け取った受給者は、保険者に対し事後申請書を提出し、介護住宅改修費の請求をします。保険者より９割分の償還払いがなされると、生活保護法第63条（費用返還義務）の規定により、その費用を福祉事務所に返還します。なお、住宅改修の種類については、介護保険法第45条（居宅介護住宅改修費の支給）第１項に基づきます。

また、福祉用具の購入についても住宅改修と同じで、必要な経費は居宅介護（予防）福祉用具購入費支給限度基準額の範囲内であれば、介護扶助により全額金銭給付され、その後、介護保険から償還払いされた金銭を福祉事務所へ返還します。

＊住宅改修・福祉用具購入については「第３章」（88頁の表３−１）を参照

住宅改修の流れ（イメージ）

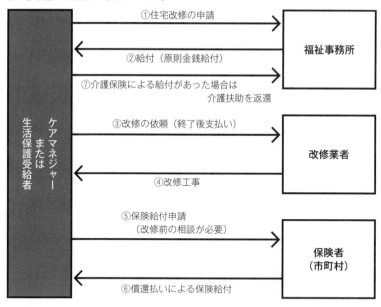

<blockquote>
Q32 生活保護法による「住宅維持費」と、介護保険法による「住宅改修費」との違いは何ですか？
</blockquote>

A 　生活保護法の住宅扶助では、家賃や地代など、住居にかかわる費用について支給が行われるほか、住宅を維持していくための補修費などが「住宅維持費」として支給されます。具体的には、「被保護者が現に居住する家屋の畳、建具、水道設備、配電設備等の従属物の修理または現に居住する家屋の補修その他維持のため」の費用が支給されます。必要と認められれば、「入浴設備の修理または敷設」の費用なども支給されます。

　一方、介護保険法の「住宅改修費」は、介護保険法第45条（居宅介護住宅改修費の支給）により、①手すりの取付け、②段差の解消、③滑りの防止及び移動の円滑化等のための床又は通路面の材料の変更、④引き戸等への扉の取替え、⑤洋式便器等への便器の取替え、⑥その他前各号

の住宅改修に付帯して必要となる住宅改修、となっており、介護保険利用者の自立生活をめざすための住宅の改造・改修を行うためのものとなっています。

　住宅扶助による「住宅維持費」は家屋の小規模などの補修、介護保険法による「住宅改修費」は改修を目的としており、どちらを使うかは、「その目的に応じて」ということになります。基本的に両方の扶助が併給されることはありませんが、修繕部分と改修部分が区別でき、同一施工業者が同一工期内に修繕と改修を行った場合にそれぞれの申請方法で別々に請求があった場合は、生活保護法による「住宅維持費」と介護保険法による「住宅改修費9割」「介護扶助1割」からそれぞれの支給も可能となります。

「住宅維持費」と「住宅改修費」の違い

住宅維持費（生活保護法）	住宅改修費（介護保険法）
目的 　生活している家屋の補修や維持を行う。または家屋の従属物の修理を行う。	目的 　高齢者にとって生活しやすい環境を整える。屋内の事故を未然に防ぐ。生活の改善を図る。
内容 　・畳の張替え 　・建具の修理 　・水道設備の修理 　・配電設備の修理 　・風呂桶の修理 　・白ありの駆除 　・網戸の設置　等 ※家屋の補修は社会通念上最低限度の生活にふさわしい程度において可能	内容 　・手すりの取付け 　・段差の解消 　・滑りの防止及び移動の円滑化等のための床又は通路面の材料の変更 　・引き戸等への扉の取替え 　・洋式便器等への便器の取替え　等

Q33　生活保護受給中の人がレンタル中の車いすの機種変更を希望されているのですが、どのようにしたらよいですか？

A　生活保護のケースワーカーとの調整が必要となります。機種変更後の車いすの利用料が同額である場合は、福祉事務所に連絡するだけで済む場合もありますが、利用料に変更がある場合はケアマネ

ジャーは速やかにケアプランを変更し、変更したケアプランを福祉事務所に送付し、介護扶助の変更決定をしてもらう必要があります。

＊介護扶助の決定については「第3章」(84頁の図3－3)を参照

Q34 訪問サービスの交通費や通所サービスの送迎費の請求がある場合、生活保護を受けている人はどのようになりますか？

A 通常、サービス利用者の居住地が事業者の運営規程に規定される通常の事業の実施地域内であれば、介護報酬のなかに含まれるので、交通費、送迎費は別途請求することはできません。しかし、近隣に適当な事業者がないなど、やむを得ないと認められる場合で通常の事業の実施地域以外の訪問サービスにかかる交通費と通所サービスにかかる送迎費は保険外負担として利用者本人の負担となります。

生活保護受給者の場合は、介護扶助から必要最小限の交通費、送迎費の実費が事業者に支給されます。また、介護ヘルパーが通院介助のために公共交通機関を利用した際の交通費は、通院のための交通費であることから医療扶助により支給されます。居宅療養管理指導にかかる事業者の交通費も介護扶助により事業者に対して給付されます。

＊交通費の取り扱いについては「第3章」(88頁の表3－1)を参照

Q35 ケアマネジメントを担当している生活保護受給中の人が亡くなりました。介護保険の手続きはどのようになりますか？

A 介護保険法では、「被保険者は、当該市町村の区域内に住所を有しなくなった日の翌日から、その資格を喪失」します（介護保険法第11条）。死亡により被保険者の資格を喪失した場合は、介護扶助が必要でなくなるので生活保護も廃止されます。なお、亡くなった生活保護受給者が葬祭を行う資力がない場合は、葬祭を行う人に対して「葬祭扶助」から葬祭費用が支給されます。

＊葬祭扶助の支給についてはQ12（110頁）を参照

Q36 地域支援事業として2015（平成27）年から開始された介護予防・日常生活支援総合事業について、生活保護を受けている人の利用手続きはどのようになりますか？

A 単身高齢者世帯や高齢者夫婦のみ世帯が今後増加していくなか、全国一律の基準による訪問介護や通所介護にはない、多様な生活支援のニーズに対応していく事業として開始されました。従来の介護給付や予防給付と異なり、ボランティア、地縁組織、シルバー人材センター等の多様な主体を活用し、地域の実情に応じたサービスの提供ができるようにしています。また、高齢者自身を生活支援の担い手にして、社会参加を促進することも目的としています。

介護予防・日常生活支援総合事業は、施行日を2015（平成27）年4月1日としつつ、市区町村が条例で定める場合には、その実施を2017（平成29）年4月まで猶予することとなっていました。

〈介護予防・生活支援サービス事業〉
ア　第1号訪問事業（訪問型サービス）
　要支援者等に対する指定事業所による入浴・排泄・食事等の介護、掃除や洗濯等の生活支援、ボランティアが行うゴミ出し等の生活援助、市区町村が一般事業で実施する移送サービスの前後に行う生活支援、保健・医療の専門職による居宅における相談指導等で構成される事業
イ　第1号通所事業（通所型サービス）
　要支援者等に対する指定事業者による通所介護のほか、ボランティア等が提供する体操等の活動を行う通いの場や保健・医療の専門職による機能訓練や栄養改善プログラム等で構成される事業である。

ウ　第1号生活支援事業（その他生活支援サービス）
　　高齢者の地域における自立した日常生活の支援で、訪問型サービスや通所型サービスと一体的に行われる場合に効果があると認められる事業である。
　・栄養改善を目的とした配食
　・一人暮らし高齢者等の定期的な安否確認・緊急時の対応
　・その他、訪問型サービス、通所型サービスに準じる市区町村が定める生活支援
エ　第1号介護予防支援事業（介護予防ケアマネジメント）
　　地域包括支援センターが要支援者等に対し、介護予防・日常生活支援総合事業によるサービス等を適切に提供できるようケアマネジメントを行う。

〈一般介護予防事業〉
　地域における住民主体の介護予防活動を支援し、高齢者が地域活動の担い手として参加することを促進するなど、高齢者が要介護状態になっても、生きがい・役割をもって生活できる地域づくりをするための事業である。すべての第1号被保険者とその支援にかかわる者を対象としている。
ア　介護予防把握事業
　　収集した情報等の活用により、閉じこもり等の何らかの支援を要するものを把握し、介護予防活動へつなげる。
イ　介護予防普及啓発事業
　　住民主体の介護予防活動の普及・啓発を行う。
ウ　地域介護予防活動支援事業
　　住民主体の介護予防活動の育成・支援を行う。
エ　一般介護予防事業評価事業
　　介護保険事業計画に定める目標値の達成状況等を検証し、一般

介護予防事業の評価を行う。
オ　地域リハビリテーション活動支援事業
　　介護予防の取り組みを機能強化するため、通所、訪問、地域ケア会議、住民主体の通いの場等へのリハビリテーション専門職等による助言等を実施する。

　介護予防・日常生活支援総合事業のうち、第１号訪問事業、第１号通所事業および第１号生活支援事業は、生活保護の介護扶助の対象となります。

　具体的な手続きとしては、何らかの支援を必要として市区町村や地域包括支援センターに相談のあった者に対し、「基本チェックリスト」による状況把握を通じて、必要なサービスが利用できるようにしています。

　明らかに要介護状態でなく介護予防訪問看護や介護予防福祉用具貸与等の予防給付を必要としない場合には、要支援認定を経ることなく速やかに本事業によるサービスを利用することができます。また、要介護（支援）認定申請の結果、非該当となった人でも、基本チェックリストにより事業の利用が適当と判断されれば、サービス事業対象者として介護予防ケアマネジメントを経てサービスを利用することができます。

4 生活保護と施設ケアサービス

Q37 生活保護を受けている人が特別養護老人ホームへの入所を希望していますが、どの施設でも利用は可能ですか？

A 生活保護法には、都道府県知事が介護扶助による施設介護を担当する機関を指定するという規定があります（生活保護法第54条の2第1項）。入所を予定する介護保険施設は、介護保険法の指定を受けているだけでなく生活保護法においても指定を受けていないと、生活保護受給中の人は利用ができないということになります。

ただし、特別養護老人ホーム（地域密着型特別養護老人ホームを含む）の場合は、介護保険法による指定を受ければ、生活保護法の指定を受けたものとみなされるので（生活保護法第54条の2第2項）、実際は「介護老人福祉施設」として介護保険の指定を受けている特別養護老人ホームであれば、どの施設の利用も可能ということになります。

Q38 生活保護を受けている人が認知症グループホームやケアハウスへの入居を希望しています。利用は可能ですか？

A 認知症グループホーム（認知症対応型共同生活介護）は住宅費、ケアハウスについては管理費（家賃相当の利用料）が当該施設を管轄する福祉事務所の設定する住宅扶助費の基準内であれば、利用は可能となります。なお、入居した場合の生活費は、生活扶助の居宅基準により支給されます。

＊住宅扶助基準、利用者の生活扶助基準については「第2章」（58頁の表2-7）を参照
▶▶▶「生活保護手帳」（実施要領）局第7最低生活費の認定－2一般生活費　課問（第7の71、第7の89）

Q39 生活保護を受けている人がユニット型（個室型）の特別養護老人ホームへの入所を希望しています。費用がかかりますが、入所は可能ですか？

　社会福祉法人等による利用者負担軽減制度は、低所得で特に生計が困難である利用者の料金負担を軽減する制度ですが、当初、生活保護受給者については制度の対象としておらず、特別養護老人ホーム等の個室については、原則入所ができない状況にありました。しかし、ユニット型の特別養護老人ホームが増加していくなか、2011（平成23）年度に制度改正がなされ、生活保護受給者の個室の居住費（ショートステイの滞在費を含む）にかかる利用者負担額についても、「社会福祉法人等による利用者負担軽減制度」の軽減対象に含まれることになりました。これにより、本制度を実施するユニット型（個室型）介護老人福祉施設（特別養護老人ホーム）であれば、生活保護受給者も居住費の負担なしでの入所が可能となりました。

　また、自治体によっては単独事業で居住費の利用者負担分の免除を実施しているところもありますので、そうした場合も利用することができます。

　介護老人保健施設や特別養護老人ホームのユニット型個室の費用については、本来個人が負担すべき金額1日あたり820円を施設が負担して、本人に請求しないなら（社会福祉法人等の利用者負担軽減制度）利用を認めるというものです。しかし、基本は多床室の利用という部分までは変わりはありません。この場合、お金の流れはどうなるのかというと、標準的な個室費用1,970円のうち1,150円が介護保険上から支払われます。残りの820円は施設が負担します。介護保険の被保険者でないみなし2号の生活保護では、820円は施設が負担しますので、1,150円の部分については介護扶助から支払われます。その際、国民健康保険団体連合会に請求するのではなく、福祉事務所に直接請求し、振り込んでもらうという手続きになります。

〈社会福祉法人等による利用者負担軽減制度〉
1　対象サービス　介護福祉施設サービス、地域密着型介護老人福祉施設入所者生活介護、短期入所生活介護・介護予防短期入所生活介護
2　軽減について　上記サービスについて、生活保護受給者のユニット型個室・従来型個室の居住費（ショートステイの滞在費を含む）にかかる利用者負担額の全額が、社会福祉法人等による利用者負担軽減制度の軽減対象になります。
※サービス利用料・食費は生活保護費から支給されるため、軽減の対象となりません。

Q40 生活保護を受けている人は、「措置制度」を利用して特別養護老人ホームなどへ入所することができますか？

A　生活保護を受けているという理由だけでは、措置入所とはなりません。老人福祉法では、介護者等からの虐待を受けているなど、「身体上または精神上」などの問題により当該市町村が必要と判断した場合、訪問介護、定期巡回・随時対応型訪問介護看護など居宅における介護と特別養護老人ホームなどへの措置による入所が可能となります（老人福祉法第10条の4、第11条）。

なお、老人福祉法の養護老人ホームについては福祉事務所の措置制度により入所することになります。

Q41 生活保護を受けている人が介護老人福祉施設に入所した場合、生活保護を実施する機関（福祉事務所）はどこになりますか？

A 介護保険では介護保険施設などへ入所し、その施設の所在地に住所を変更しても、入所する前に住んでいた市町村を保険者とする、「住所地特例」があります。

生活保護法でも、生活保護受給者が特別養護老人ホームなどへ入所した場合には、「保護を行うべき者は、その者に係る入所又は委託前の居住地又は現在地によって定めるものとする」（生活保護法第19条第3項）と規定されており、入所前に生活保護を行っていた福祉事務所が、引き続き保護を実施する機関となります。

Q42 介護保険施設入所中の人が生活保護の申請をする場合、どこの福祉事務所にすればよいのですか？

A 居住地がない単身の介護老人福祉施設入所者が生活保護の申請をする場合は、入所している施設の所在地を所管する福祉事務所が保護の実施責任を負うことになります。また、入所前に家族とともに住んでいた人が入所中に保護の申請をする場合は、入所前の居住地を所管する福祉事務所が保護の実施機関になりますので、前住地を所管する福祉事務所に保護の申請をすることになります。

なお、介護老人保健施設および介護療養型医療施設に入所・入院している人の保護の実施責任は、実施要領に定められた一般的な入院患者の実施責任と同じになります。

＊Q63・64　入院患者の実施責任（149頁）を参照

▶▶▶「生活保護手帳」（実施要領）局第2実施責任

Q43 生活保護を受けている人の介護保険施設の利用は、どのようになりますか？

A 生活保護を受給中であっても、要介護3以上の人であれば、入所の手続きは通常と同じです。例えば、特別養護老人ホームで多床室の場合は、施設利用料のうち居住費と食費は特定介護サービス費として介護保険で支給され、介護サービス費については9割が介護保険から、1割が介護扶助より（上限15,000円）支給されます。その他、日用品購入など日常生活に必要な費用は、「生活扶助」から支給されることになります。なお、40歳以上65歳未満の医療保険未加入者（Q15「みなし2号」（114頁）を参照）の人は、施設利用料と施設内の食費の全額が生活保護の「介護扶助」により支給されます。

ただし、本人に年金などの収入があり、一部利用料の負担ができる場合は、自己負担金として直接受給者が施設に支払います。自己負担分を差し引いた残りが、「介護扶助」により福祉事務所から介護事業者に支払われます。施設に支払う自己負担金の有無や具体的な支払金額についての情報は福祉事務所から施設あてに交付される介護券に記載されます。自己負担金が施設介護費利用者負担の自己負担限度額15,000円と食事負担限度額9,000円の計24,000円を超える場合は、生活保護の廃止が境界層該当証明書の発行と併せて検討されます。

＊入所者に支給される生活扶助の基準については「第3章」（86頁の図3－4）を参照

Q44 介護保険施設へ入所する際の移送費（交通費）は、どうすればよいですか？

A 介護保険施設へ入所したり退所したりする際の移送費（交通費）は、「介護扶助」により支給されることとなっています。また、在宅サービス（介護予防サービスを含む）の訪問介護、訪問入浴介護、訪問看護、訪問リハビリテーション、通所介護、通所リハビリテーショ

ン、福祉用具貸与などの利用に伴う交通費や送迎費についても、「真にやむを得ないと認められる」場合には、介護扶助が支給されることがあります。短期入所生活介護や短期入所療養介護の利用に伴う送迎費も同様です。

ただし、通院に伴うヘルパーの交通費は、「通院に伴う移送のための交通費」に該当しますので、「医療扶助」により移送費が支給されます。

＊交通費については「第3章」（88頁の表3－1）を参照
＊Q55　病院までの移送費（交通費）（145頁）を参照

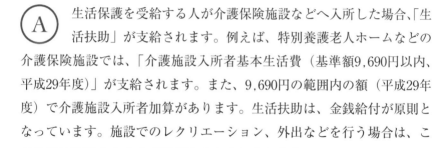

Q45　介護保険施設で生活するための日用品購入やレクリエーションなどに必要な経費は、どのように支給されますか？

A　生活保護を受給する人が介護保険施設などへ入所した場合、「生活扶助」が支給されます。例えば、特別養護老人ホームなどの介護保険施設では、「介護施設入所者基本生活費（基準額9,690円以内、平成29年度）」が支給されます。また、9,690円の範囲内の額（平成29年度）で介護施設入所者加算があります。生活扶助は、金銭給付が原則となっています。施設でのレクリエーション、外出などを行う場合は、この生活扶助費から本人が負担することになります。

なお、特別養護老人ホームなどに入所している人で必要と判断された場合には、本人ではなく施設の長（管理者）に生活扶助が給付されることもあります。

＊扶助の種類については「第2章」（55頁の表2－5）を参照

Q46　介護保険施設へ入所している人に臨時的収入がありました。生活保護は継続できますか？

財産を処分して得た収入などが生活保護基準額を上回っていれば生活保護が廃止されることがあります。なお、財産は動産・

不動産にかかわらず、世帯の臨時的収入を合算して8,000円（月額）を超える場合には収入と認定されることになっています。

　また、年金や手当などを受給することになった場合も収入として認定され、毎月の収入額が生活保護基準を超えている場合は自己負担金として施設に支払います。自己負担金の限度額を超えている場合は保護が廃止になる場合もあります。

＊保護が廃止される場合については「第3章」（86頁の図3－4）を参照
＊自己負担金については「第3章」（87頁の図3－5）とQ43（138頁）を参照

Q47 生活保護を受けている施設入所者の金銭管理に、日常生活自立支援事業は利用できますか？

A 利用できます。ただし、自治体によっては施設入所者については実施していないところもありますので、各自治体の社会福祉協議会に問い合わせてください。日常生活自立支援事業の詳細については、第2章74頁を参照してください。また、特別養護老人ホーム等への入所契約などの身上監護については、成年後見制度の利用を検討していく必要があります。

Q48 入所中で生活保護受給中の人に多額の累積金が発生しました。どのように取り扱われますか？

A 施設等で生活している人のなかには、支給される恩給や年金などを使う機会がなく累積金が貯まっている人もいます。これについては、最低生活に欠ける部分を補うよう指導・助言がなされ、それでも累積金が一定額を超える場合は、保護費の支給が減額されたり、加算部分の給付が停止されます。場合によっては一時的に保護の停・廃止となることもあります。東京都では、30万円を一定額とし、50万円を超える場合は保護の廃止についても検討するとしています。

Q49 介護保険施設利用料の負担軽減措置とは、どのような制度ですか？

　介護保険料やサービスの利用料を支払うことで、生活保護を申請しなければならない状態になってしまう場合でも、利用者負担の軽減を受ければ生活保護を申請しなくても大丈夫だという人には、福祉事務所は「境界層該当証明書」を発行します（証明を受ける人を「境界層該当者」といいます）。

　境界層に該当するかどうかを確認するためには、まず生活保護の申請をする必要がありますので、保護の実施責任を有する福祉事務所に相談してみてください。境界層該当証明書が発行されると、介護保険料や高額介護（予防）サービス費の利用者負担の上限額、介護保険施設における居住費および食費は、生活保護を必要としなくなる所得段階の基準額まで軽減されます。

＊介護扶助の要否判定については「第3章」(86頁の図3－4)を参照

境界層該当証明書が発行された場合

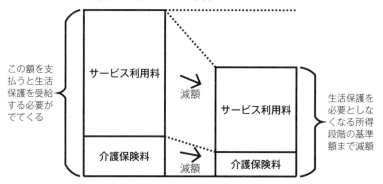

Q50 ケアマネジメントを行っている生活保護受給者が急に入院してしまいました。ケースワーカーへの連絡は必要ですか？

A ケアマネジメントは、高齢者の生活を支援することが目的です。医療が必要な場合には、早急に担当ケースワーカーと連絡をとり、病院との調整を行ってもらう必要があります。

5 生活保護と医療サービス

Q51 医療機関を受診する場合の手続きは、どのようにしたらよいのですか？

　生活保護法による保護を受けていない人が、医療扶助のみ、または医療扶助と同時に他の扶助を申請する場合には、保護申請書の申請の事由欄に傷病の部位、発病時期、病状、社会保険の被保険者または被扶養者たる資格の有無、後期高齢者医療制度の被保険者資格の有無などを記載したうえ福祉事務所長に提出します。

すでに医療扶助以外の生活保護を受けている人が医療扶助を申請する場合には、保護変更申請書（傷病届）に所要事項を記載し、福祉事務所長に提出します。申請を受け取った福祉事務所では医療扶助の開始につき申請があった場合には、申請者の実情を把握したうえで、医療要否意見書、精神疾患入院要否意見書または訪問看護要否意見書（医療要否意見書等）を申請者に交付します。

申請者は指定医療機関において診察を受け所要事項の記入を受けたものを福祉事務所長に提出します。申請者の事情によっては指定医療機関から直接提出してもらうこともあります。申請が認められると、福祉事務所は本人に「生活保護法医療券（医療券）」を発行します。生活保護受給者は、医療券に従って指定医療機関で医療を受けることになりますが、医療券には「指定医療機関名」や「傷病名」という欄があり、「かかる病院」と「病院へ行く理由になっている傷病」が「指定」されているということになります。

受診する医療機関については、原則として保護を受給する人の居住地等に比較的近距離に所在する医療機関に限るとされています。ただし、

傷病等の状態により、居住地等に比較的近距離に所在する医療機関での対応が困難な場合は、専門的治療の必要性、治療実績、主治医との信頼関係、同一の病態にある当該地域の他の患者の受診行動等を総合的に勘案したうえで、適切な医療機関への受診が認められるとされています。

＊医療扶助の方法については「第3章」（95頁）を参照

Q52 緊急に医療機関を受診する場合や休日で福祉事務所に医療扶助の申請ができない場合の手続きは、どのようにしたらよいのですか？

A 生活保護法による医療扶助の一般診療については、生活保護法の医療券を提出のうえ、受診することになっています。しかし、医療扶助の申請ができないような緊急性の高い場合や、休日に診療を受けなくてはならないような状況の場合は、医療券の交付を受けることができません。そうした場合は、生活保護基準改訂等によって少なくとも年1回、保護決定通知書が交付されていますので、緊急にあるいは休日に受診する際には、保護決定通知書（被保護者資格証明書等も可）を医療機関へ提出して受診し、翌日福祉事務所に医療扶助の申請をして、医療券を当該医療機関に送付してもらいます。

また、医療機関によっては医療費の全額を請求する場合もあるので、その場合は、当該医療機関から領収書等を発行してもらい、後日、福祉事務所に提出して金銭給付を受けることも可能です。

Q53 緊急の場合は、生活保護法の指定医療機関以外で受診しても大丈夫ですか？

緊急時は、患者の生命維持が優先されます。生活保護受給者が医療機関を利用する場合、福祉事務所への申請が原則ですが、「急迫した状況にあるとき」は、医療の給付を「最寄りの指定医療機関、これがないときは非指定医療機関に委託すること」となっていますので、

緊急事態には、生活保護法の医療券の発行よりも最寄りの医療機関への搬送を優先してください。

Q54 いくつかの病気で同時に違う病院へ行く必要があります。どのようにすればよいのでしょうか？

A 　生活保護法の医療券には、指定医療機関名と傷病名が記載されているため、複数の病院にかかるためには、通院する病院ごとに医療券が必要になります。したがって、福祉事務所には医療機関ごとに医療扶助の申請をしてください。ただし、生活保護受給者が希望している場合でも、必要性がないと福祉事務所が判断した場合は受診が認められずに医療券が発行されないこともあります。

Q55 病院の通院などに必要な移送費（交通費）は支払われますか？

A 　受診する医療機関については、原則として生活保護を受給する人の居住地等に比較的近距離に所在する医療機関に限るとされています。こうした条件の下での入院、転院、通院などに関する最低限度の移送費（交通費）は、「医療扶助」により現物給付・金銭給付されます。また、付添人の費用についても、「医学的管理等のため付添人を必要とする場合に限り」（医療扶助運営要領）給付されます。

＊医療扶助の方法については「第3章」（95頁）を参照

Q56 治療に必要な薬は、調剤薬局からどのようにしてもらうのですか？

A 　診療の給付とともに調剤の給付が必要な場合は、福祉事務所に医療扶助の申請と併せて指定薬局による調剤の給付の申し出を

します。すると、福祉事務所からは生活保護法の医療券と同時に調剤券が発行されます。受診した指定医療機関より交付された処方せんと一緒に福祉事務所から交付された調剤券を指定薬局に提出することで、薬を受けとることができます。

Q57 治療に必要な眼鏡や補装具は、どのように購入するのですか？

A　国民健康保険の療養費の支給対象となる治療用装具としての、義肢、装具、眼鏡、ストーマ装具、歩行補助杖などは、障害者の日常生活及び社会生活を総合的に支援するための法律（障害者総合支援法）の規定に基づく補装具の購入もしくは修理または日常生活上の便宜を図るための用具の給付もしくは貸与を受けることができない場合、さらに歩行補助杖については、介護保険法または生活保護法の規定に基づく福祉用具の貸与を受けることができない場合で治療のために必要とされる場合に限り購入することができます。

　治療材料の給付（貸与および修理を含む）が必要になった場合は、福祉事務所に申請をします。福祉事務所からは、指定業者など必要事項を記載した給付要否意見書（治療材料）が申請者に対して交付されます。申請者はこれを指定医療機関および取り扱い業者に提出し、治療材料の詳細など所要事項の記入を受けてから福祉事務所に提出します。必要性が認められると、福祉事務所は申請者本人に「生活保護法治療材料券（治療材料券）」を発行します。その後、治療材料券に従って指定業者から購入することになります。

Q58 診察をした医療機関への診療報酬の支払いは、どのように行われるのですか？

A 　生活保護法の医療券によって診察をした生活保護法の指定医療機関は、診療報酬明細書を作成し福祉事務所ごとにまとめて、診療報酬請求書（レセプト）を添え医療機関の所在する都道府県の社会保険診療報酬支払基金の支部に提出します。支払基金の診療報酬審査機関の審査を経たのち、診療報酬明細書は医療券を発行した各福祉事務所あてに送付されます。

　送付を受けた福祉事務所では、明細書の点検をしたのち問題がなければ支払基金あてに診療報酬の支払いを委託します。その後、支払いを委託された支払基金は請求のあった指定医療機関あてに診療報酬の支払いを行います。

Q59 薬局への調剤報酬の支払いは、どのように行われるのですか？

A 　指定薬局が調剤報酬の請求をする場合は、指定医療機関の診療報酬を請求する場合と同様になります。

Q60 眼鏡・補装具などの治療材料費の業者への支払いは、どのように行われるのですか？

A 　治療材料を給付した指定業者は、福祉事務所から生活保護法の治療材料券とともに交付された治療材料費請求明細書に必要事項を記載し、福祉事務所長あてに請求します。請求を受けた福祉事務所は治療材料費請求明細書の点検をしたうえで、指定業者あてに支払います。

Q61 国民健康保険に加入中の人が生活保護を受給するとどうなりますか？

A 他法他施策による制度の適用を受けることができる場合は、補足性の原理に基づき、そちらの制度が生活保護法に優先されます。一方、国民健康保険法の第6条には生活保護法による保護を受けている世帯（その保護を停止されている世帯を除く）に属する人は国民健康保険の適用除外とする規定があります。これにより、生活保護を受給した場合は国民健康保険の適用を受けることができなくなるため、医療サービスを受けるために必要な費用は全額医療扶助により賄われることになります。

Q62 障害者の日常生活及び社会生活を総合的に支援するための法律による公費負担医療を使っている場合は、生活保護を受けるとどのようになりますか？

A 障害者公費負担医療は結核医療、自立支援医療（精神通院医療・更生医療）などがありますが、生活保護受給世帯への公費負担率は結核医療のみが95％で、他は100％となります。したがって、結核医療についてのみ5％を介護扶助により負担することになります。

6 生活保護と入院医療サービス

Q63 救急車で運ばれ入院した単身者が生活保護を申請する場合、どこの福祉事務所に申請すればよいのでしょうか？

A 入院前に居住地があった単身者が入院中に保護の申請をする場合は、入院前の居住地を所管する福祉事務所が保護の実施機関となりますが、入院前に居住地がなかった人については、発病地を管轄する福祉事務所が保護の実施責任を負います。

　救急車で搬送された場合は、救護された現在地、直接病院に来た場合は当該医療機関の所在地を所管する福祉事務所が、保護の実施責任を負うことになります。

Q64 老人ホームに入所中の人が入院し、保護が必要な場合は生活保護の申請はどこの福祉事務所にすればよいのでしょうか？

A 生活保護を受けていなかった人の入院と同時に、または入院後３か月以内に保護が開始される場合の実施責任は、ホーム所在地を所管する福祉事務所が負います。また、入院後３か月を経過して保護の申請があった場合は、病院所在地を管轄する福祉事務所が実施責任を負います。

▶▶▶「生活保護手帳」（実施要領）局第２実施責任－１

Q65 生活保護を受けている人が入院した場合、入院期間中の生活保護はどのようになりますか？

A 入院中の医療費は医療扶助により全額負担されます。また、生活用品を揃えるための費用として、生活扶助から入院患者日用品費が毎月22,680円、一時扶助として、寝間着代4,300円以内、紙おむつ代19,900円以内（平成29年度基準1級地－1の例）が支給されます。ただし、本人に年金などの収入があり、一部入院費の負担ができる場合は、自己負担金として直接受給者が病院に支払います。自己負担分を差し引いた残りが、「医療扶助」により福祉事務所から病院に支払われます。病院に支払う自己負担金の有無や具体的な支払金額についての情報は福祉事務所から病院あてに交付される生活保護法の医療券に記載されます。自己負担金が医療費自己負担限度額35,400円と食事療養標準負担額18,900円を超える場合は、生活保護が廃止されます。その際、高額療養費および食事標準負担額の特例措置の適用が検討されます。

なお、単身世帯で住宅扶助費が支給されている場合で、6か月以内に退院の見込みがある場合は、6か月を限度に住宅扶助費が支給されます。なお、6か月を超えた場合でも、以降、3か月以内に退院が見込まれる場合は、3か月を限度に支給されます。

医療費自己負担限度区分が低所得者Ⅱ（市町村民税非課税）の場合　　　　　　　（円）

入院患者日用品費	一時扶助（被服費）	医療費自己負担額	食事療養費標準負担額	国保料
22,680	20,100	24,600（注1）	18,900（注1）	1,000

最低生活費87,280円（住宅扶助費を除く）
（注1）「限度額適用・標準負担額減額認定該当（Ⅱ）」による減額を受ける場合

医療費自己負担限度区分が低所得者Ⅰ（市町村民税非課税）の場合　　　　　　　（円）

入院患者日用品費	一時扶助（被服費）	医療費自己負担額	食事療養費標準負担額	国保料
22,680	20,100	15,000（注2）	9,000（注2）	1,000

最低生活費67,780円（住宅扶助費を除く）
（注2）「限度額適用・標準負担額減額認定該当（Ⅰ）」による減額を受ける場合

Q66 入院中で民間の医療保険に加入中の人は、生活保護の申請はできますか？

A 解約返戻金が少額であり、入院の際の入院給付、後遺障害等に対する給付等が見込まれ世帯の自立に役立つと判断される場合で、かつ保護適用後に保険金または解約返戻金を受領した場合には、支給された保護費の範囲内で返還をすること（生活保護法第63条の適用）を条件に保険の保有が認められる場合もあります。

Q67 おむつの給付のための手続きは、どのようになりますか？

A 医療扶助と同時におむつ代としての生活扶助の申請を福祉事務所長に提出します。申請を受け取った福祉事務所では申請者の実情を把握したうえで、おむつの給付要否意見書を申請者に交付します。申請者の事情によっては指定医療機関から直接提出してもらうこともあります。指定医療機関に所要事項の記入をしてもらい、福祉事務所長に提出し、申請が認められると福祉事務所は本人に対して、毎月必要なおむつ代を一時扶助として支給します。
＊おむつ代についてはQ65（150頁）参照

Q68 退院後、介護保険施設へ入所する際の移送費（交通費）は、どのようになりますか？

A 病院から、福祉事務所が認めた介護保険施設へ入所したり退所したりする際の移送費（交通費）は、「医療扶助」により支給されます。

Q69 単身入院患者の退院時における住宅確保は、どのようにすればよいですか？

A 生活保護受給中の単身者が退院する場合において、退院と同時に入居する住宅を確保しておく必要がある場合は、居宅の選定、賃貸借契約、電気・ガス・水道等の契約、などに一定の時間を要することから、入院中に外出の許可をとり手続きを進める必要があります。住宅の確保が必要な場合は、契約に必要な敷金、礼金の支給のほか、前家賃として1か月分の家賃・間代の基準額の範囲内で必要な額が支給されます。いずれにしても、入院中の保護を実施している福祉事務所の担当ケースワーカーに早めに相談してください。

▶▶▶「生活保護手帳」(実施要領) 局第7最低生活費の認定－4住宅費－(1)家賃、間代、地代等－エ－(イ)

Q70 長期入院中の生活保護受給中の人に多額の累積金が発生しました。どのように取り扱われますか？

A 長期で入院している人で福祉事務所から支給される保護費が累積金として貯まる場合があります。これについては、まずは、最低生活に欠ける部分を補うよう指導・助言がなされます。それでも累積金が一定額を超える場合は、日用品費の支給が減額されたり(85％計上)、加算部分の給付が停止されます。場合によっては一時的に保護の停・廃止となることもあります。東京都では、30万円を一定額とし、これを超える場合は調整の対象としたうえで、その後も50万円を超えるような場合は保護の廃止についても検討するとしています。

＊日用品費についてはQ65 (150頁) を参照
▶▶▶「生活保護手帳」(実施要領) 局第7最低生活費の認定－2一般生活費－(3)入院患者の基準生活費の算定について－ク

執筆者一覧

六波羅　詩朗（ろくはら・しろう）**第 1 章**
目白大学大学院　生涯福祉研究科長
目白大学　人間学部人間福祉学科　教授

長友　祐三（ながとも・ゆうぞう）**第 2 章・第 3 章・第 4 章**
田園調布学園大学　人間福祉学部社会福祉学科　教授
埼玉県立大学　名誉教授
前・東京都目黒区福祉事務所　査察指導員

三訂　ケアマネ業務のための生活保護Q&A
介護・医療現場で役立つ制度の知識

2018年4月1日　初　版　発　行
2021年7月1日　初版第3刷発行

著者…………六波羅詩朗・長友祐三

発行者………荘村明彦

発行所………中央法規出版株式会社
　　　　　　　〒110-0016　東京都台東区台東3-29-1　中央法規ビル
　　　　　　　営　　業　　TEL03-3834-5817　FAX03-3837-8037
　　　　　　　取次・書店担当　TEL03-3834-5815　FAX03-3837-8035
　　　　　　　https://www.chuohoki.co.jp/

装幀…………株式会社ジャパンマテリアル

印刷・製本…サンメッセ株式会社

定価はカバーに表示してあります。
ISBN978-4-8058-5685-7

本書のコピー、スキャン、デジタル化等の無断複製は、著作権法上での例外を除き禁じられています。
また、本書を代行業者等の第三者に依頼してコピー、スキャン、デジタル化することは、たとえ個人や家庭内での利用であっても著作権法違反です。

落丁本・乱丁本はお取り替えいたします。

本書の内容に関するご質問については、下記URLから「お問い合わせフォーム」にご入力いただきますようお願いいたします。
https://www.chuohoki.co.jp/contact/